Sylvia Schneider

Celebrate your life!

Wichtiger Hinweis:

Die Informationen und Ratschläge in diesem Buch wurden
von der Autorin und dem Verlag in Zusammenarbeit und mit
größtmöglicher Sorgfalt erarbeitet und geprüft. Es liegt in
der Verantwortung des Lesers zu entscheiden, ob und wieweit
er den Ratschlägen in diesem Buch folgt. Weder die Autorin
noch der Verlag übernehmen eine Garantie. Die Haftung für
Personen-, Sach- oder Vermögensschäden ist ausgeschlossen.

Die Inhalte aller Internetadressen in diesem Buch wurden mit
Akribie ausgesucht. Die Inhalte der Seiten können aber jederzeit vom Anbieter geändert werden. Daher übernehmen wir
trotz gewissenhafter Prüfung keine Haftung für Richtigkeit,
Vollständigkeit und Aktualität dieser Webseiten.

Der Coppenrath Verlag dankt den Models Joanna, Dave,
Ole, Rebecca, Henning, Katharina, Henrieke und Madeleine.

5 4 3 2 1
ISBN 978-3-649-60597-3
© 2011 Coppenrath Verlag GmbH & Co. KG, Münster
Alle Rechte vorbehalten, auch auszugsweise
Text: Sylvia Schneider
Illustrationen: Marion Rekersdrees
Gestaltung und Satz: Anna Schwarz
Fotos: Leonie Ebbert
www.coppenrath.de

WWW.REBELLA.DE

Sylvia Schneider

Celebrate YOUR LIFE!

Überlebenstipps für dich und deine Freundinnen

COPPENRATH

INHALT

1 You can do anything!

2 Looking good!

3 Waiting for Mr. Right!

4 It's all over now!

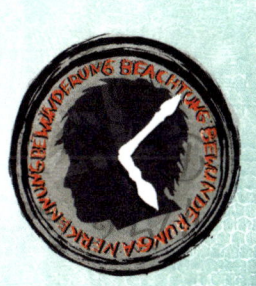

5 I am nothing without my friends!

Sei aufrecht, sei du selbst

Dieses Buch will dir dabei helfen, deine Stärken zu entdecken und sie gekonnt in Szene zu setzen. Von innen und von außen! Damit du selbstbewusst, sinnlich und mit viel Fröhlichkeit durch dein wunderbares Leben gehen kannst!

Wirkliche Lebensfreude ist so individuell und vielfältig wie das Leben selbst. Und das wartet nur darauf, von dir entdeckt zu werden. Bekanntschaft wirst du in nächster Zukunft auch mit den spannenden Themen Jungs, Liebe, Liebeskummer und Freundschaft machen. Wie du damit umgehen wirst, hängt vor allem von deinem Selbstbewusstsein ab. Dieses setzt sich aus deinen großen und kleinen Gaben, deinen großen und kleinen Fähigkeiten, aber auch aus großen und kleinen Momenten im Leben

zusammen. Lebensfreude entsteht vor allem dann, wenn du dir das Leben genau anschaust und das Wunder der Kleinigkeiten entdeckst. Ein Song, ein inniger Blick, ein aufregender Kuss, ein tolles Gespräch mit deinem Freund, die liebevolle Geste einer Freundin, eine besonders magische Stimmung – der Zauber des Lebens kommt auf den unterschiedlichsten Wegen zu dir. Nimm dir Zeit dafür.

Das Leben und die Liebe besitzen für jeden von uns eine eigene Magie, die sich nur schwer mit Worten beschreiben lässt. Schärfe deine Sinne für diese Momente und du wirst sehr viel an Stärke und Strahlkraft hinzugewinnen. In jedem Moment. Rechne einfach damit. Sei dir deiner selbst sicher und genieß dein Leben!

Sylvia Schneider

9

Spieglein, Spieglein an der Wand: Wer ist die Stärkste im ganzen Land? DU!

Be unique, be different, be yourself!

Niemandem ist es wirklich egal, wie er auf andere wirkt. Schöne Mädchen sind interessanter und haben es im Leben leichter – glaubst du das auch? Damit stehst du nicht allein da. Das tun wir nämlich fast alle. Wir meinen, die attraktiveren Menschen werden überall bevorzugt, sei es in der Schule, in der Disco oder auf der Straße. Und selbstverständlich von den Jungs. Natürliche Ausstrahlung, innere Werte, Nettigkeit, Begabung – Fehlanzeige? Das ist zwar ein Irrtum, trotzdem wollen gerade wir Mädels lieber zunächst einmal so toll wie möglich aussehen, dann erst klug und selbstbewusst sein.

Attraktivität ist kein Geschenk, das nur einige wenige bekommen und andere nicht. Jeder Mensch ist schön! Attraktivität oder Charisma ist die Kunst, deine Persönlichkeit und deinen Stil auf deine ganz eigene Weise zum Ausdruck zu bringen. Jeder Mensch ist auf seine Art schön. Auch du bist einzigartig, ganz anders als alle anderen. Deine Fähigkeiten sind ebenso einmalig wie dein Aussehen. Darauf kannst du stolz sein.

Ganz bestimmt weißt du sehr genau, wie du sein oder werden möchtest. Jeder Mensch hat ein inneres Bild von sich selbst. Am besten ist es, wenn dies deiner Persönlichkeit möglichst nahekommt. Nur ein Selbstbild, das wirklich zu dir passt, kann seine volle Schönheit entfalten.

Ansonsten wird dein Leben anstrengend, weil du dich immer verstellen musst. Doch du willst dich ja nicht um deine Natürlichkeit bringen und falschen Idealen hinterherrennen.

Ausstrahlung entwickelst du allerdings nur, wenn du dich selbst toll findest. Und du selbst bestimmst, was du darunter verstehst, wenn du wirklich selbstbewusst bist. Nur wenn du dich magst, wirst du ein starkes Selbstbewusstsein entwickeln. Wichtig ist, dass du deine eigenen Stärken und Schwächen kennst und das Beste aus ihnen herausholst. Entwickle ein Bewusstsein für deine eigene Aura! Dann sendest du Signale aus, die andere Menschen wahrnehmen und von denen sie sich faszinieren lassen.

Pimp your Selbstbewusstsein!

Viele Mädchen haben zu wenig Selbstbewusstsein. Sie glauben, dass sie nur aus Fehlern bestehen und nicht schön genug sind. Sie denken nur noch daran, was mit ihnen nicht stimmt. Sie stellen ständig ihr Licht unter den Scheffel. Wer sich selbst nicht mag, gesteht sich keine Fehler zu. Und versucht, die fehlende Selbstliebe durch Anerkennung von außen wettzumachen.

Das kann dazu führen, dass du dich nur noch mit Äußerlichkeiten beschäftigst. Verschwende deine Zeit bloß nicht damit. Es gibt Tricks, wie du dein Selbstwertgefühl aufpolieren kannst. Denn der Übeltäter für mangelndes Selbstvertrauen sitzt in deinem eigenen Gehirn. Wenn du in deinem Kopf einen Schalter umlegst, kannst du dich positiv umpolen. Und da gibt es vor allem eine Regel: Werde dein eigener Fan!

Werde dein eigener Fan!

Beantworte dir folgende Fragen und schreib dir die Antworten am besten auf:

✦ Was mag ich an mir?

✦ Wo traue ich mir etwas zu?

✦ Was kann ich wirklich gut?

Werde dir deiner Stärken bewusst!

Liste alles auf, was dir so einfällt, beispielsweise:

✦ Ich kann richtig witzig sein.

✦ Ich schenke meinen Freundinnen ausgefallene Geschenke.

✦ Ich bin eine treue Seele.

✦ Ich kann gut singen und tanzen.

✦ Ich habe zwar dünne Haare, aber sie glänzen sehr schön.

✦ Ich kann tolle Partys organisieren.

✦ Ich habe niedliche Ohren und eine süße Nase.

✦ Mein Lachen ist ansteckend.

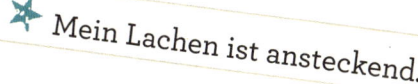

Bodyscan:
Dein Spiegel, dein Freund

⭐ Nun betrachte dich im Spiegel – von Kopf bis Fuß, am besten nackt.

⭐ Sag laut, was du siehst, und lobe alles, was dir gefällt. Wenn du etwas entdeckst, das dir nicht gefällt, kannst du es ruhig kritisieren. Doch halte dich eher an die Dinge, die dir gefallen. Mach deiner Schokoladenseite und deinen Stärken ruhig deutliche Komplimente.

⭐ Na? Ist da nicht doch eine ganze Menge Schönes zu sehen? Jede Kleinigkeit zählt. Willst du noch immer in den Boden versinken? Oder drehst du dich jetzt so, dass dein niedliches Profil, dein knackiger Po, deine tolle Haarmähne oder deine schönen Knie besser zur Geltung kommen?

⭐ Klopfe dir auf die Schulter und mach dir eine richtig starke Liebeserklärung à la »Ich bin ein richtig tolles Mädchen. Ich werde meinen Weg gehen, denn ich bin die Nummer eins in meinem Leben. Ich liebe mich!«.

⭐ Mach diesen Bodyscan jetzt regelmäßig und werde jedes Mal etwas positiver. Mit der Zeit verfestigt sich dieses Selbstlob, und du wirst dich nicht mehr nur an deinen vermeintlich negativen Seiten festbeißen. Das klingt am Anfang vielleicht etwas albern, wirkt aber.

Selbst, bewusst, sein: Haltung ist alles

Oft ist es eine schlechte Körperhaltung, die Bände über ein mangelndes Selbstbewusstsein spricht. Ein aufrechter Gang signalisiert deiner Umwelt Selbstwertgefühl. Auch deine Stimme profitiert davon, denn sie hat mehr Raum zum Klingen und wirkt voll. Das führt automatisch dazu, dass man dich ganz anders wahrnimmt.

Einige kleine Tricks verhelfen dir zu einem geraden Kreuz:

 Balanciere – sooft du kannst – entweder auf Bordsteinkanten, Baumstämmen, Strichen, Teppichkanten oder einer Schnur. Dein Körper richtet sich wie von selbst auf und versucht, sich harmonisch zu bewegen. Nerven und Muskeln werden so in Einklang gebracht.

 Versuch einmal, mit einem Buch oder einem Milch- oder Saftpaket auf dem Kopf zu gehen.

⭐ Achte darauf, dass deine Fersen eine senkrechte Linie zum Po bilden. So wirkt dein Körper gerader und gestreckter.

⭐ Setz dich immer so gerade wie möglich hin. Stell die Füße flach auf den Boden, nimm die Knie nach vorn und zusammen. Dein Oberkörper wirkt schmaler und graziler, als wenn du in dich zusammensinkst. Achte vor allem vor dem Computer auf eine gute Haltung und sitze aufrecht auf deinem Schreibtischstuhl.

Ausstrahlung – das kannst du lernen

Wie bekommst du das »gewisse Etwas«, das andere aufhorchen und aufschauen lässt? Woher kommt das, was wir als stark, schillernd, faszinierend oder beeindruckend empfinden? Das gewisse Etwas ist mehr ein Gefühl als an konkrete äußere Eigenschaften gebunden. Mit deinem Aussehen hat es im Grunde nicht sehr viel zu tun. Menschen mit Ausstrahlung entfalten ein ganz eigenes, unverwechselbares und besonderes Profil. Sie leben das, was in ihnen steckt. Doch das musst du ja erst einmal finden!

Persönlichkeit ist nicht das, was du von den meisten Stars und Promis kennst. Sie sind oft stromlinienförmig, oberflächlich und unkritisch. Eine Persönlichkeit kann sich leise und verhalten zeigen, spröde, abweisend und auf der Suche nach sich selbst sein. Sie kann gegen den Strom schwimmen, ist aber immer im Fluss. Manchmal blitzt sie auch nur in bestimmten Situationen auf.

Wer um seine Persönlichkeit weiß, kennt auch seine Schwächen – ohne dass sein Selbstbewusstsein Schaden nimmt. Daraus entsteht Ausstrahlung: eine Aura, in der Liebe zum Leben, Leidenschaft und Natürlichkeit verwebt sind mit Brüchen, die weder Lifestyle noch Lifting braucht.

Diese vier Schritte lassen dein Selbstbewusstsein leuchten

Schreibe dir diese vier Punkte auf kleine Zettel auf und deponiere sie überall dort, wo du sie möglichst häufig lesen kannst, zum Beispiel an deinem Schreibtisch, an einem Spiegel oder im Badezimmer. Auf magische Weise werden sie dein Leben prägen:

1. ICH WILL SO WERDEN, WIE ICH BIN!

Konzentriere dich auf deine eigenen Stärken, deine Talente und Begabungen. Verschwende deine Zeit nicht mit deinen vermeintlichen Fehlern. Lass dich nicht von anderen verunsichern.

2. ICH WILL MEINE TRÄUME LEBEN!

Träume sind ein Ausdruck deiner Seele, der Ort deiner Sehnsüchte, Fantasien und Wünsche. Sie sollten mitbestimmen, wie du dein Leben gestaltest. Was möchtest du im Leben erreichen? Das Außergewöhnliche geht keinen einfachen Weg, dafür macht es umso selbstbewusster.

3. ICH BIN EINFACH TYPISCH!

Zeig auf der ganzen Linie deine eigene Ausdrucksweise. Das heißt, eine gewisse Konsequenz in deinem Auftreten, deiner Körpersprache und deinem Stil. Dazu musst du nicht jedem Trend hinterherhecheln und kannst dich ruhig von der einengenden Meinung anderer Menschen befreien. Du bist deine eigene Marke. Tritt geradlinig und klar auf. Vergiss das kleine, piepsige Mädchen in dir.

4. ICH MAG ANDERE SO, WIE SIE SIND!

Menschen mit Ausstrahlung geben auch immer etwas an andere ab. Sie müssen nicht unbedingt im Mittelpunkt stehen, sie können sich zurückhalten. Sie nehmen andere Menschen genauso ernst wie sich selbst. Andererseits lassen sie sich auch von dem Charisma anderer Menschen anstecken und sind offen für andere Welten. Mach anderes nicht nieder, aber mach dich selbst größer.

Meine Schwester findet ihre Nase zu groß, trotzdem drehen sich alle Jungs nach ihr um. Sie hat eben eine supertolle Ausstrahlung!

Johanna, 15

Sei einzig, nicht artig!

Du denkst, du bist ein hoffnungsloser Fall? Nervös, unsicher, viel zu artig und langweilig? Keine Panik, das bekommst du locker in den Griff. Du musst dich nur entschließen, auch mal unbequeme Wege zu gehen. Das schaffst du beispielsweise, indem du andere Menschen verblüffst und deine Schwächen als Stärken, als dein persönliches Markenzeichen, verkaufst.

Viele Mädchen sind einfach viel zu nett und geraten immer wieder in Situationen, in denen sie ausgenutzt werden oder sich nicht durchsetzen können. Warum fällt es ihnen so schwer, Grenzen zu setzen und sich auch selbst an diese zu halten? Warum sind sie so oft netter zu Menschen, als sie es eigentlich sein wollen? Wieso lassen sie zu, dass sie von anderen aus- und über den Tisch gezogen werden?

Ihnen fehlt das Gefühl für ihre eigene Einmaligkeit. Sie glauben, dass sich kaum jemand ernsthaft für sie interessiert. Sie sind bei Machtspielen meist unterlegen, weil sie sich einfach nichts zutrauen. Mädchen lernen ja, dass sie »lieb« sein sollen, artig und eher angepasst, dass es nicht gern gesehen wird, wenn sie sich zur Wehr setzen, stark und fordernd sind. Jungen dürfen all dies sein, dafür aber eben nicht lieb und artig. Trau dich und sag einfach »Nein« dazu!

Hör auf, dich ständig selbst zu kritisieren. Hör auf, zu grübeln und dir Sorgen zu machen. Sei geduldig mit dir. Lob dich immer wieder, wenn du etwas gut gemacht hast, und belohn dich dafür. Akzeptiere deine Schwächen als einen Teil von dir.

Das Geheimnis deines Selbstbewusstseins

✹ Vertraue deinem Potenzial.

    ✹ Fordere deinen Geist regelmäßig.

✹ Pflege deine Freundschaften liebevoll.

    ✹ Versuche, Gelassenheit zu lernen.

✹ Konzentriere dich auf das Wesentliche.

    ✹ Hab Vertrauen in deine eigenen Fähigkeiten.

✹ Lache, sooft du kannst, denn Freude am Leben macht dich schön und glücklich.

    ✹ Versuche, im Leben einen Sinn zu finden, der nicht bei Äußerlichkeiten stehen bleibt.

✹ Akzeptiere dich, wie du bist.

Die sieben Gebote zur Stärkung deines Selbstwertgefühls:

1. Denk dir Harmonie herbei

Jeder gute Gedanke bestimmt mit, ob du dich gesund fühlst oder nicht. Wenn du schlechter Dinge bist, löst das in deinem Körper eine Welle von negativen Reaktionen aus, die schädliche Auswirkungen auf alles haben können, was du tust und wie du dich fühlst.

2. Glaub an dein Glück

Auch wenn du manchmal ziemlich durchhängst, wird das Glück dich nicht verlassen. Im Gegenteil: Sicher wirst du in einigen Wochen feststellen: Es war gut, dass alles so gekommen ist, wie es jetzt ist.

3. Wehr dich gegen Unheil

Selbst wenn dich etwas an deinem Leben stört, kannst du durch deine Gedanken den Kampf dagegen aufnehmen. Selbst in brenzligen Situationen löst du mit einer lebensbejahenden Einstellung das Problem. Stell dir vor, dass du die Kraft hast, Menschen, die dir schaden, aus deinem Leben zu verbannen.

4. Drücke deine Gefühle aus

Wenn dich etwas bedrückt, ist es prima, wenn du dich dem stellen kannst. Am besten ist es immer, den Kummer einfach auszusprechen und eine Lösung zu suchen und Probleme nicht herunterzuschlucken. Denn dieser unbewältigte Stress beeinflusst dich wiederum ebenfalls negativ. Deshalb weine, wenn du traurig bist. Schrei, wenn du wütend bist. Je eher du deine Spannungen abbauen kannst, umso harmonischer ist dein Innenleben.

5. Nimm Herausforderungen an

Es gibt für fast alle Konflikte und Probleme immer auch Lösungen und Auswege. Wenn du dich im Kreise drehst und womöglich immer wieder über das Gleiche klagst oder dazu neigst, andere für dein »Unglück« verantwortlich zu machen, bringt dich das keinen Millimeter weiter. Wenn du aber das Gefühl hast, dass es nichts gibt, was du nicht bewältigen könntest, dann stärkst du deine inneren Kraftquellen sowie deine körperlichen und seelischen Abwehrkräfte.

6. Schärfe deinen Blick für Schädliches

Du solltest dir sehr genau überlegen, wann du dich wofür einsetzen willst. Nimm dir dabei nicht zu viel vor, setz dir realistische Ziele. Dann schaffst du es auch, diese in die Tat umzusetzen. Versuche dich dort abzugrenzen, wo es nötig ist. Sage laut und deutlich »Nein« zu Dingen, die du nicht willst. Du musst nichts tun, wozu du dich gezwungen fühlst.

7. Genieße deine Freude am Leben

Freue dich über jeden schönen Moment deines Lebens. Versuche aber auch, die unangenehmen Ereignisse schätzen zu lernen. Denn erst diese machen dich zu einem reifen und gerechten Menschen. Wenn du dich angespannt fühlst, dann schaff dir bewusst einen Ausgleich: Treibe Sport, nimm ein herrlich duftendes Bad, sieh mit deinen Freundinnen einen witzigen Film an und unterhalte dich mit ihnen über das Leben und die Liebe. Beide sind so schön!

Wie wichtig ist schön?

Die wenigsten Mädchen sind mit ihrem Aussehen zufrieden. Allerdings zu Unrecht. Sie sind meist überkritisch und ungerecht gegenüber sich selbst. Fast alle schätzen beispielsweise ihr Gewicht höher ein, als es wirklich ist.

Wenn Mädchen ihre Attraktivität beurteilen sollen, vergleichen sie sich dummerweise nicht mit normalen Mädchen, sondern mit Models und Promis. Da wirkt ein Mädchen mit einer natürlichen Konfektionsgröße sofort wie ein Mähdrescher neben einem Rasenmäher.

Wenn du dich aber ständig mit dem falschen Maß vergleichst, machst du dich automatisch selbst kleiner, dicker und unattraktiver. Und je nachdem auch dümmer. Dabei braucht es auch bei den Superschönen dieser Welt, die du sicherlich bewunderst, oft einen ganzen Tag, bis sie so zurechtgemacht sind, wie du sie kennst. Zusätzlich werden

viele von ihnen in Bildbearbeitungsprogrammen verschönert. Deshalb würdest du bei etlichen staunen: Ohne Make-up, aufwendige Frisuren und schicke Klamotten würdest du sie wahrscheinlich nicht mehr wiedererkennen.

Kennst du das Barbie-Syndrom?

Das Bild, das du vom richtigen und perfekten Aussehen eines Mädchens oder einer Frau im Kopf hast, wird vor allem von deiner Umwelt geprägt: »der Gesellschaft«. Dazu gehören deine Eltern, deine Lehrer, deine Freundinnen, die Stars, für die du schwärmst, aber auch Fernsehen, Werbung und Zeitschriften, die Kosmetikindustrie, Designermode und das ganze Beauty-Business mit seinem Diäten-Wahn und der unseligen Schönheitschirurgie. Sie alle formen gemeinsam das Schönheitsideal, an dem wir uns orientieren.

Ein solches Ideal hat jedoch meist mit der Wirklichkeit nichts gemeinsam und verzerrt deine Möglichkeiten, dich zu einem Menschen mit einer ganz eigenen Ausstrahlung zu entwickeln.

Das derzeitige Schönheitsideal hat die Barbie-Puppe zum Vorbild – ein aus Plastik geformtes und durchgenormtes Wesen. Barbie sieht aus, wie keine Frau aus Fleisch und Blut je werden kann: viel zu lange und zu dünne Beine, viel zu schmale Taille, viel zu schmales Becken (in dem niemals ein Baby Platz finden würde), völlig unnormale Proportionen, viel zu blonde Haare und zudem ein nichtssagendes Gesicht. Kennst du etwa jemanden, der so aussieht?

Wenn du dich an einem solchen falschen Ideal ausrichtest, wirst du dich ewig unwohl in deiner Haut fühlen. Denn es ist unmöglich, es zu erreichen. Du kannst dir ein Bein ausreißen, du wirst nie aussehen wie Barbie. Sei froh drum.

Der Wert eines Mädchens (und natürlich auch eines Jungen) sollte nämlich nicht von seinen äußeren Merkmalen abhängig gemacht werden. Das Schönheitsideal wandelt sich ständig, und du wirst es noch häufiger erleben, dass heute nicht mehr gilt, was gestern für schön gehalten wurde. Mal sind rundliche, mal üppige Formen modern, mal superschlanke, mal knabenhafte, mal sind große, kräftige Körper gefragt, mal kleine und eher zierliche.

Es hat nichts damit zu tun, wie echte Mädchen und Frauen wirklich aussehen. Doch es führt dazu, dass einem Mädchen das eigene Aussehen meist nicht gefällt. Irgendetwas stimmt immer nicht, weil es anders ist als das genormte Ideal.

Models präsentieren dir nur einen schönen Schein

Was du vielleicht nicht weißt: Selbst Models bekommen ihre Kleiderständer-Figur und ihre Gesichter nicht ohne Eingriffe von außen. Sie brauchen – außer Make-up – meist in großen Mengen Appetitzügler, Drogen, Medikamente ohne Ende oder schmerzhafte Schönheitsoperationen. Was nach außen hin wie ein lässiger Paris-Hilton-Jet-Set-Spaß aussieht, ist in Wirklichkeit hammerhartes Doping, schwere Arbeit und Verzicht auf ein normales Leben. Viele Models leiden unter Magersucht und Bulimie, bezahlen dafür mit Abhängigkeit und schweren Krankheiten – einige inzwischen sogar mit dem Tod. Manche haben dafür sogar auf einen Schulabschluss verzichtet. Und das kann es ja nun wirklich nicht sein, oder?

SOS

Wenn du Diät hältst oder fastest, nimmst du nicht nur ab. Du machst dir auch deine Knochen kaputt, sodass du irgendwann an Knochenschwund leiden wirst. Beim Fasten kommt es zu Stoffwechselschäden, bei denen deine Muskeln abgebaut werden. Je mehr aktive Muskelmasse du hast, desto ansehnlicher werden deine Körperformen.

Kostenloses Infomaterial zu Bulimie und Magersucht erhältst du bei der Bundeszentrale für gesundheitliche Aufklärung.
www.bzga.de / Tel.: 0221 892031

Dein Body: Wohlfühlen in jeder Form

Dick durch Diät!?

Für viele Mädchen gehört Schlanksein zu den wichtigsten Seiten der Attraktivität. Leider messen sich dabei einige mit den falschen Maßstäben. Sie wollen einfach viel zu dünn sein – so wie berühmte Models. Doch so ein extremes Dünnsein ist von der Natur nicht vorgesehen. Es gibt nur ganz wenige Menschen, die so »naturschlank« sind, ohne etwas dafür tun zu müssen.

Wenn du den Kampf gegen dein natürliches Gewicht aufnimmst – etwa, indem du ständig Diät hältst oder gar fastest –, wirst du ihn verlieren. Denn dein Körper ist schlau und lässt sich nicht betrügen. Jedes Mädchen hat sein persönliches Normalgewicht, bei dem es sich wohlfühlt.

Das ist bei der einen mehr und bei der anderen weniger. An dieses Gewicht hält sich dein Körper. Willst du ihm davon etwas wegnehmen, reagiert er sauer und klammert sich an sein Gewicht. Und du nimmst zu, obwohl du weniger isst. Das nennt man den Jojo-Effekt.

Hungern, Fett und Kalorien einsparen nützen dir überhaupt nichts. Was auch immer dir die Werbung an Diätwundern verspricht, glaub einfach nicht dran. Es funktioniert nicht.

Auch Pillen können dir keine gute Figur bescheren. Wenn du deine Figur verändern willst, musst du essen!

Gleichzeitig solltest du dich ausreichend bewegen. Das echte Zaubermittel heißt nämlich: Bewegung, Bewegung, Bewegung!

Das gilt natürlich auch für den Fall, dass du wirklich Übergewicht hast und etwas abspecken solltest, um dich wohler zu fühlen. In diesem Fall solltest du allerdings eine Ernährungsberatung oder einen Arzt kontaktieren, die darauf spezialisiert sind und dich beim Abnehmen professionell beraten können. Die meisten Mädchen wollen jedoch abnehmen, ohne dass dafür ein Grund besteht.

So machst du immer eine gute Figur

Wenn du dich normal und ausreichend ernährst, wirst du die wenigsten Probleme mit deiner Figur haben. Allerdings heißt normal nicht, was du womöglich darunter verstehst: wie etwa Fast Food, Dosenfutter, Tiefkühlpizza, Pommes mit Majo und Süßigkeiten ohne Ende. Normal heißt in diesem Fall eine ausgewogene Mischkost, die möglichst frisch zubereitet wird.

Ganz oben auf der Hitliste stehen Obst, Gemüse, Salat, Hülsenfrüchte und Vollkornprodukte (Nudeln!!!). Sie liefern dir alles, was du brauchst, und machen dich satt. Dabei darfst du von allem, was dir schmeckt, etwas essen. Grundsätzlich solltest du auch Fleisch, Eier, Milch und Milchprodukte essen, denn sie sind für deine Entwicklung außerordentlich wichtig. Davon profitieren auch deine Haut und deine Haare. Etwas Fett in Form von Pflanzenöl darf nicht fehlen. In einer solchen Ernährung sind sogar Stoffe enthalten, die dir gute Laune bescheren.

Was ist gesund und was nicht?

👍 Obst   👎 Süßigkeiten

👍 Gemüse   👎 Chips

👍 Fisch   👎 Fast Food

👍 Milch   👎 fetthaltiges Fleisch

👍 Vollkornprodukte   👎 Softdrinks

👍 Nüsse   👎 Alkohol

Ganz wichtig ist für dich eine ausgeglichene und abwechslungsreiche Ernährung, die frisch zubereitet wird. Tipp: Geh mit einer Freundin oder deinen Eltern samstags auf den Wochenmarkt und kaufe buntes Obst und Gemüse ein! Wie wär's denn mal wieder mit einer selbst gemachten Pizza mit Tomaten, Pilzen und Käse oder einem Salat?!

Was dein Body gar nicht mag, ist ständiges Essen außerhalb der Hauptmahlzeiten. Zwischenmahlzeiten machen dick – was auch immer man dir erzählt. Erstens nimmst du damit einfach zu viele Kalorien auf. Zweitens löst das durchgängige Essensangebot in deiner Bauchspeicheldrüse einen komplizierten Mechanismus aus, der dazu führt, dass du wieder Hunger empfindest, obwohl du gar keinen hast. Dein Körper braucht einfach seine Ruhepausen zwischen den Mahlzeiten.

Dein ultimativer Fitness-Check

Bewegung ist das einzige Wundermittel, das wir kennen. Dabei ist es völlig egal, welchen Sport du treibst. Such dir aus, was dir Spaß macht. Denn ansonsten wirst du nicht lange durchhalten.

Sport macht schlank: Durch verstärkten Muskelaufbau und Fettabbau schwinden Pölsterchen. Deine Körperkonturen werden straffer. Einerseits kannst du durch den erhöhten Kalorienverbrauch mehr essen, andererseits stoppt Bewegung nach einer Weile auch dein Hungergefühl und den Appetit.

Sport macht Immunpower: Er bringt die Körperabwehr in Schwung und wehrt Krankheitserreger ab.

Sport macht stark: Wer sich bewegt, baut Muskeln und Knochen auf. Muskeln verbrennen Kalorien.

Sport macht schön: Dank der guten Durchblutung wird deine Haut zart und rosig.

Sport macht aktiv: Der Organismus tankt beim Sport zehnmal mehr Sauerstoff als in Ruhephasen. Die Zellen verbrennen Fett und scheiden Abbauprodukte schneller aus.

Sport macht klug: Das Gehirn erhält eine Extraportion Sauerstoff. Es schüttet vermehrt das Kreativitätshormon ACTH aus. Dieses Hormon verbessert Konzentration und Denkleistung.

Sport macht glücklich: Endorphine, die berühmten »Glückshormone«, zirkulieren beim Sport in größerer Menge in deinem Organismus.

Sport macht ausgeglichen: Sport killt Hormone, die bei Stress ausgeschüttet werden.

Sport macht Mädchen besonders fit: Es verschwinden Beschwerden, die mit deiner Menstruation zusammenhängen, wie etwa Bauchkrämpfe. Denn Sport gleicht Hormonschwankungen aus.

Sport macht sexy: Körperliche Bewegung lässt vermehrt Sexualhormone fließen. Amerikanische Wissenschaftlerinnen haben festgestellt, dass Frauen, die regelmäßig Sport treiben, sinnlicher sind und ein besseres Körpergefühl haben.

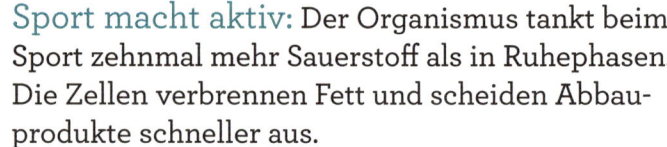

Geht nicht, läuft nicht

»Ich würde ja gern, aber ...« – diese faule Ausrede ist ebenso bekannt wie falsch. So legst du deinen inneren Schweinehund an die Kette:

 ### Ausrede Nummer 1: Ich habe keine Zeit!

Stimmt nicht: Sport schenkt dir Zeit, denn du wirst leistungsfähiger und konzentrierter.

 ### Ausrede Nummer 2: Ich renne doch sowieso schon den ganzen Tag herum!

Stimmt nicht: Zwar kann ein hektischer Alltag dich auf Trab halten, doch diese Form der Bewegung reicht nicht aus, unter anderem, weil nicht genügend Muskelgruppen trainiert werden.

 ### Ausrede Nummer 3: Ich kann mich nicht aufraffen!

Stimmt nicht: Sport bringt dir Energie und nimmt sie dir nicht. Nach dem Training fühlst du dich viel vitaler.

So viel Zeit muss sein: Bewegung für deinen Body

Selbst wenn du im Stress bist, gönn dir täglich etwas Fitness. Das tut deinem Körper gut und strafft deine Konturen:

Kauf dir einen Gymnastikring und lass ihn fünf Minuten um deine Mitte kreisen. Das kurbelt den Kreislauf an und trainiert Bauch- und Pomuskeln.

Lauf fünf Minuten so schnell wie möglich auf der Stelle, Oberschenkel möglichst weit nach oben ziehen. Das bringt Kraft für die Beine.

Hüpfe fünf Minuten mit dem Springseil, das trainiert die Lunge und die Muskulatur, verbessert die Durchblutung und baut Stresshormone ab.

Laufe fünf Minuten Treppen auf und ab. Oder verwende die untere Stufe wie einen Stepmaster. Das bringt deinen Puls in die Höhe, macht deine Muskeln straff und hält dich fit.

Cellulitis: Der Kampf gegen die Wanderdünen

Das Leben ist selten gerecht. Doch wenn es um Dellen und Knubbel an Bauch, Po und Oberschenkeln geht, schon: Cellulitis trifft Alt und Jung, Arm und Reich, Dick und Dünn. Selbst superschlanke Balletttänzerinnen und Models bleiben davon nicht verschont.

Cellulitis ist nämlich keine Krankheit, sondern es handelt sich um vergrößerte Fettzellen, die sich durch die Bindehaut abzeichnen. Die aufgeblähten Zellen behindern die Durchblutung und den Lymphfluss. Die Kollagenfasern, die deine Haut straff halten, verhärten. Sie bilden ein Netz, aus dem die Fettzellen an manchen Stellen hervortreten. Dieses weibliche Fettgewebe sichert die stillen Reserven für Schwangerschaften und Stillzeiten. Eigentlich eine sehr kluge Sache.

Um den Wunsch, die Cellulitis loszuwerden, wird ein großes Theater gemacht – bei dem die Pharma- und Kosmetikindustrie gut mitverdienen. Bleib kritisch: Es gibt kein Wundermittel gegen die unebene Haut. Wenn du straffere Konturen möchtest, lautet deine Lösung: sanftes Ausdauertraining. Treibe regelmäßig Sport, das baut die Muskeln auf und steigert die Durchblutung im ganzen Gewebe. Echte Cellulitis-Killer sind Schwimmen und Wassergymnastik. Sie trainieren deine Muskeln und zusätzlich massiert das Wasser Haut und Bindegewebe.

Tu allerdings auch nicht zu viel des Guten: Bei zu schnellem Sport mit zu hohem Druck – wie Step Aerobic oder Marathon laufen – kann der Aufprall das Bindegewebe schädigen. Auch der extreme Druck, der bei Kraftübungen aufgebaut wird, kann die Schwäche des Bindegewebes verstärken. Wenn du Po und Beine jeden Tag trainierst, kann sich deine Cellulitis unter Umständen sogar verschlimmern.

MUSKELÜBUNGEN FÜR BAUCH, BEINE UND PO

⭐ Stell dich aufrecht hin, die Hände in die Hüften gestemmt. Verlagere dein Gewicht auf das rechte Bein und heb das linke an – so hoch es geht. 15 Mal, dann wechsele die Seite.

⭐ Stell dich aufrecht hin, umfasse den rechten Fuß, neige den Oberkörper nach vorne und zieh den rechten Fuß, so weit es geht, nach hinten. Versuche, diese Position eine halbe Minute zu halten, dann lösen und Seite wechseln. Je 15 Mal.

❗ Verzichte unbedingt auf Diäten, denn das ständige Auf und Ab des Gewichts leiert deine Haut aus. Dadurch sehen die Problemzonen erst recht unschön und »dellig« aus.

❗ Rauche nicht, das beeinträchtigt die gesunde Durchblutung, stört deine Hormonbildung und schwächt dein Bindegewebe.

 Trinke bis zu zwei Liter am Tag, am besten Mineral- oder Leitungswasser, Saftschorle, Früchte- oder Kräutertee. Dadurch wird weniger Wasser im Gewebe eingelagert.

Guten Morgen, du Schöne!

Ausreichend Schlaf ist dein natürlichstes, billigstes und wirksamstes Schönheitsmittel. Weniger als sechs Stunden Schlaf pro Nacht setzen deinem Körper richtig zu. Acht Stunden Schlaf geben ihm Zeit, alle Regenerations- und Reparaturvorgänge abzuschließen. Die Zellteilung und -erneuerung ist nachts doppelt so aktiv wie tagsüber. Dein Immunsystem lädt seine Speicher auf, Körpergewebe werden generalüberholt, Giftstoffe abtransportiert und Infektionen bekämpft. Auch dein Gehirn erholt sich, denn nachts verarbeitet und ordnet es die Eindrücke, Informationen und Erlebnisse des Tages. Schläfst du weniger als sechs Stunden, können all diese positiven Prozesse nicht abgeschlossen werden. Zu wenig zu schlafen ist also echt dumm.

Pflanzen-Zauber

In Blumen, Pflanzen, Kräutern und Gewürzen stecken ätherische Öle, die deinen Stoffwechsel in Schwung bringen und deine Sinne öffnen. Zudem hüllen sie dich in einen wunderbaren Duft, der auch anderen Nasen nicht verschlossen bleibt. Wen man mag oder nicht, bestimmt also die Nase.

Einigen Blütendüften werden sogar erotische Anziehungskräfte nachgesagt. Dazu gehören Jasmin, Ylang-Ylang, Lilie, Rose und Moschus. Ätherische Öle gibt's in der Apotheke. Vielleicht kannst du sie dir auch zum Geburtstag wünschen, denn sie sind nicht ganz billig.

Die ätherischen Öle wirken nicht nur über deine Nase, sondern auch über deine Haut. Sie gelangen beim Baden oder Einmassieren in deinen Körper und entfalten dort ihre Wirkung.

Duftöle sind hochkonzentrierte Substanzen, die du nie unverdünnt anwenden solltest. Mische sie stets mit einem anderen Öl, beispielsweise Sesamöl, oder mit Sahne. Gib immer nur einige Tropfen deines ausgewählten Duftöls dazu.

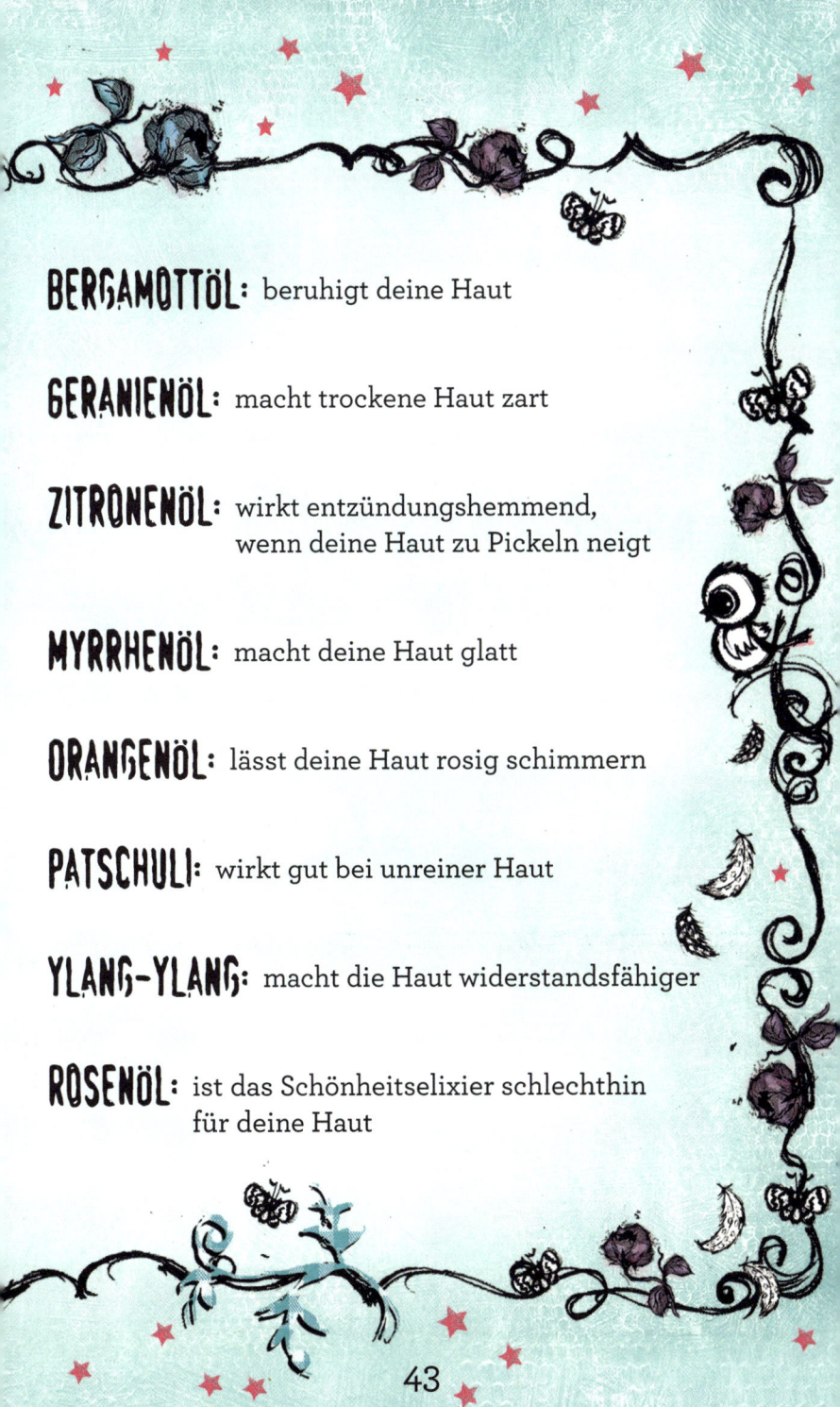

BERGAMOTTÖL: beruhigt deine Haut

GERANIENÖL: macht trockene Haut zart

ZITRONENÖL: wirkt entzündungshemmend, wenn deine Haut zu Pickeln neigt

MYRRHENÖL: macht deine Haut glatt

ORANGENÖL: lässt deine Haut rosig schimmern

PATSCHULI: wirkt gut bei unreiner Haut

YLANG-YLANG: macht die Haut widerstandsfähiger

ROSENÖL: ist das Schönheitselixier schlechthin für deine Haut

Das hat Hand und Fuß

Gepflegte Hände sind deine Visitenkarte! Manche Leute schauen anderen Menschen nicht zuerst ins Gesicht, sondern auf die Hände. Darum lohnt es sich, wenn du deinen Händen etwas mehr Aufmerksamkeit zukommen lässt.

So pflegst du deine Hände:

Nimm dir Zeit, deine Nägel einmal in der Woche mit der Nagelfeile zu bearbeiten. Die Nagelschere haben die Nägel nicht so gern, denn sie reißen damit leicht ein. Nimm dir jeden Nagel einzeln vor. Feile von außen zur Mitte hin – erst mit der gröberen Seite der Feile, dann mit der feineren. Nun badest du die Nägel kurz in lauwarmem Wasser. Dann befreist du die Nägel von Schmutz. Danach schiebst du mit einem Wattestäbchen den Nagelrand sanft zurück, damit das Nagelhäutchen geschmeidig bleibt. Zum Schluss nimmst du dir eine Polierfeile und sorgst dafür, dass deine Nägel einen schönen Glanz bekommen.

Olivenöl für gepflegte Hände: Erwärme etwas gutes Olivenöl in einem Wasserbad, bis es lauwarm ist. Träufle einen Teelöffel flüssigen Honig hinein. Diese Mischung massierst du nun gut in deine Hände ein. Zieh dir Baumwollhandschuhe darüber (gibt es im Drogeriemarkt) und lass die Mischung über Nacht einziehen.

Viele Mädchen träumen von Kunst-nägeln. Das ist jedoch nur eine gute Lösung, wenn du angeknabberte oder kaputte Nägel hast, die sich eine Weile erholen sollen. Ansonsten sehen na-türliche Nägel immer noch am besten aus, denn künstliche Nägel wirken sehr schnell billig. Je natürlicher künstliche Nägel aussehen, desto teurer sind sie. Spätestens alle vier Wochen ist leider eine Nachbearbeitung notwendig.

COLOUR YOUR NAILS

ROT: die Never-out-of-fashion-Farbe für romantische Abende

LILA: verleiht dir eine geheimnis-volle Ausstrahlung

GRAU: perfekt zu Jeans & Co.

ORANGE: freche Trendfarbe für den perfekten Sommertag

TÜRKIS: macht gute Stimmung

PINK: sorgt für den Wow-Effekt auf jeder Party

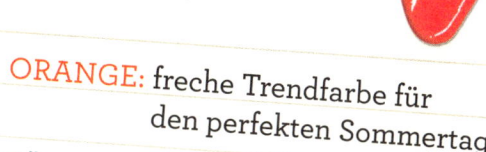

Das finden deine Füße klasse

Die Füße werden von den meisten Menschen sträflich vernachlässigt. Dabei sieht kaum etwas unappetitlicher aus als etwa offene Sandalen, aus denen dicke, schmuddelige Hornhaut und krumme Nägel herausschauen.

Deine Füße haben jeden Tag ein enormes Pensum zu erfüllen. Sie tragen deine gesamte Körperlast und befördern dich überallhin. Bei mangelnder Pflege werden sie rau und trocken, bekommen Druckstellen und schmerzende Risse. Ihr Hauptfeind sind zu enge und zu hohe Schuhe.

So pflegst du deine Füße:

★ Lauf möglichst viel barfuß. Das massiert deine Fußsohlen und macht deine Füße beweglich.

★ Wechsle deine Schuhe – auch während eines Tages – so oft wie möglich. Jedes Paar Schuhe bietet deinen Füßen erholsame Abwechslung. Egal ob flache Ballerinas, Chucks, Boots, Flip-Flops, Schuhe mit kleinem Absatz oder gelegentlich auch mal ein Schuh mit hohem Absatz.

★ Trag auch Sneakers nicht durchgängig, denn sonst bekommst du über kurz oder lang Platt- oder Spreizfüße. Grund: Meist ist die Sohle zu weich, der Fuß hat keinen Halt. Bei Billigschuhen ohne Kappe verkümmert nicht nur deine Fuß-, sondern auch die Unterschenkelmuskulatur.

Fünf Schritte zum gepflegten Fuß

Nimm zunächst ein warmes Fußbad. Seife jeden Fuß ein. Lass die Füße ca. zehn Minuten im Wasser. Nun rubbelst du verhornte Stellen mit einem Schmirgelschwamm weg. Diese Hornhaut bildet dein Fuß, um sich vor Druckstellen zu schützen.

Trockne nach dem Bad deine Füße gut ab, vor allem die Zehenzwischenräume – sonst droht dir Fußpilz. Die Nagelhaut mit einem Wattestäbchen zurückschieben, die Nägel mit Nagelöl oder einer speziellen Salbe massieren.

Creme deine Füße ein. Für strapazierte Füße gibt es spezielle Salben – etwa Schrundensalbe oder Hornhaut-Reduziercreme –, die besonders viel Fett enthalten. Wenn du nichts mehr vorhast: Füße ganz dick mit einer Fettcreme oder Vaseline einreiben. Socken darüberziehen und einwirken lassen. Das geht gut über Nacht.

Die Nägel gerade schneiden und mit einer Nagelfeile nachglätten. Schneide keinesfalls die Ecken aus und beschädige die Nagelhaut nicht.

Stecke nun Kosmetiktücher zwischen die einzelnen Zehen, die Nägel einmal mit Nagellackentferner vom Fett befreien, eine Schicht Unterlack auf die Fußnägel auftragen. Anschließend – je nach Nagellack – eine bis zwei Farbschichten auftragen. Willst du die Nägel nicht lackieren, polierst du sie mit einer speziellen Feile. Das gibt ihnen einen schönen Glanz.

Schnelle Hilfe gegen müde Füße

Wenn dir die Füße wehtun, probier einmal dieses
Rezept aus: Lass die Badewanne mit kaltem
Wasser volllaufen, setz dich auf den Bade-
wannenrand und lass deine Füße bis zu
den Waden ins kalte Wasser baumeln.
Wenn sich das Frischegefühl von unten
auf deinen Körper auszudehnen beginnt,
nimmst du deine Füße heraus und rubbelst
sie mit einem Handtuch schön warm.

Deine Haut: Eine gepflegte Sache

Deine Haut ist das Erste, was andere an dir wahrnehmen. Ist deine Haut fahl und grau, zeigt sie deiner Umwelt, dass du dich in ihr nicht wohlfühlst oder ihr allerhand zumutest.

Die Haut ist dein größtes Organ! Sie schützt dich vor der Außenwelt. Zugleich ist sie empfindlich wie deine Seele. Hast du Ärger oder Kummer, geht dir das garantiert »unter die Haut«. Vielleicht bekommst du dann einen Pickel, Hautausschlag oder Augenringe. Denn Haut und Gehirn sind durch Millionen von Nervenzellen verknüpft, über die ständig körperliche und seelische Empfindungen ausgetauscht werden. Deshalb wird die Haut auch »Spiegel der Seele« genannt.

Ernährst du dich nicht richtig, schläfst oder bewegst dich zu wenig, sieht deine Haut müde und grau aus. Normalerweise verfügt deine Haut aber über eine eigene Reparaturmannschaft, die das alles schnell wieder ausbügelt. Vorausgesetzt: Sie ist gesund.

Achtung Hautfeinde!

Schädliche Einflüsse lassen deine Haut schnell alt aussehen. Dazu gehören:

 Sonnenstrahlen: Wenn du dich zu viel sonnst, kann sich deine Haut nicht mehr selbst reparieren und rächt sich womöglich eines Tages mit Hautkrebs.

Besuche im Solarium: Hier wirken die negativen Seiten der Sonnenstrahlen noch verschärft. Sonnenbaden im Solarium ist für Heranwachsende in deinem Alter deshalb verboten.

 Zigaretten: Außer dem Nikotin stecken in einer Zigarette viele andere Schadstoffe. Mit einem Zug kommt es zu einer explosionsartigen und irreparablen Attacke auf deine Haut. Zudem mischen sich die Inhaltsstoffe der Zigarette in deine Hormonbildung ein und weichen dein Knochenskelett auf.

Wie Samt und Seide: Sexy Körperhaut

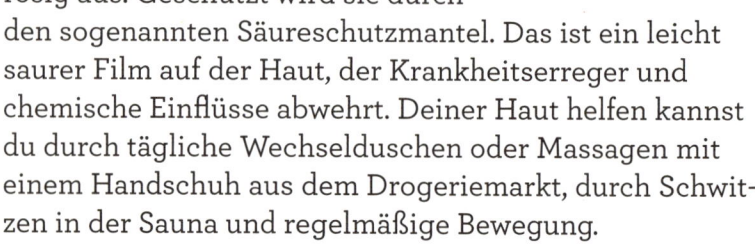

Eine gesunde Körperhaut ist gut durchblutet, sieht frisch und rosig aus. Geschützt wird sie durch den sogenannten Säureschutzmantel. Das ist ein leicht saurer Film auf der Haut, der Krankheitserreger und chemische Einflüsse abwehrt. Deiner Haut helfen kannst du durch tägliche Wechselduschen oder Massagen mit einem Handschuh aus dem Drogeriemarkt, durch Schwitzen in der Sauna und regelmäßige Bewegung.

Auch ein Körperpeeling – eine leichte Rubbelmassage – einmal wöchentlich (nicht häufiger, sonst wird deine Haut fleckig und brennt) vor dem Duschen macht deine Haut schön glatt und rosig. Normalerweise verwendet man dafür Peelingcremes, die die abgestorbenen Hautschüppchen einfach abschrubbeln.

Welcher Hauttyp bist du?

Deine Haut besteht aus drei Hautschichten. Die oberste besteht aus alten Schüppchen, die deine Haut gerne loswerden möchte. In der nächsten Schicht werden neue Hautzellen gebildet. Hier sind auch die Zellen angesiedelt, die deine Haut in der Sonne braun werden lassen. Auf der Schicht darunter sind Sinneskörperchen, Schweiß- und Talgdrüsen beheimatet. An ihr liegt es, ob deine Haut schön glatt aussieht. Unter diesen drei Hautschichten sitzt eine Fettschicht, die deine Körpertemperatur reguliert und deine Organe schützt.

Die Erneuerung deiner Haut findet vor allem nachts statt, wenn du schläfst. Dann schüttet dein Körper Hormone aus, die dafür sorgen, dass aufgeräumt wird. Deswegen lautet eines der wichtigsten und preiswertesten Schönheitsgeheimnisse: Geh früh in die Federn und schlaf ausreichend lange. Der Schlaf vor Mitternacht ist am günstigsten für deine Haut.

Jeder Mensch hat seinen eigenen Hauttyp mit unterschiedlichen Stärken und Schwächen. Deshalb unterscheidet man vier Hauttypen voneinander: fettige Haut, trockene Haut, Mischhaut (um die Augen und an den Wangen trocken, sonst eher fettig) und besonders empfindliche Haut.

Junge Haut lässt sich in der Regel noch keinem dieser Typen zuordnen. Meist braucht sie nur abends und morgens ein wenig Feuchtigkeitscreme. Wenn sie mal spannt, kannst du ihr zwischendurch eine fetthaltigere Creme gönnen. Gelegentlich wirst du wahrscheinlich auch einmal etwas gegen Pickel benötigen.

Welche Hautpflege ist die richtige für dich?

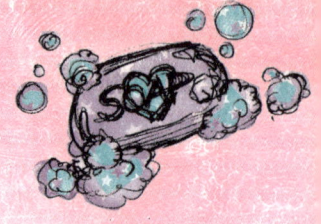

Du brauchst nichts Spezielles und schon gar nichts, was viel Geld kostet. Preiswerte Pflege für junge Haut gibt es von fast allen Kosmetiklinien, aber auch in Apotheken, Bioläden oder Reformhäusern. Immer mehr Kosmetikfirmen achten darauf, dass ihre Präparate ohne Tierversuche getestet werden, denn die finden die meisten Kundinnen überhaupt nicht gut. Erkundige dich beim Kauf danach!

Wenn du dich für Naturkosmetika ohne Konservierungsstoffe entscheidest, denk daran, dass diese schneller verderben. Das Mindesthaltbarkeitsdatum muss auf der Verpackung angegeben sein. Achte bei der Anwendung auf peinliche Sauberkeit. Bewahre deine Hautpflege nicht im warmen Badezimmer auf, sondern besser im Kühlschrank.

Generell haben auch Hautpflegeprodukte, Kosmetika und Parfums eine begrenzte Haltbarkeit. Hast du ein Präparat angebrochen, kommen Luft und Keime an die Cremes, Lotionen, Masken, Make-ups oder Lippenstifte. Nach einer Weile sind sie dann unbrauchbar und du solltest sie wegwerfen. Leider ist auf den Packungen normalerweise kein Haltbarkeitsdatum aufgedruckt.

SOS

Was deine Haut nicht mag, sind stark parfümierte Hautpflegeprodukte und Pröbchen-Hopping. Beides löst unter Umständen allergische Reaktionen deiner Haut aus.

Die richtige Reinigung

Am Anfang jeder Pflege steht die Reinigung deiner Haut. Denn sie ist ja einer Menge von Umwelteinflüssen ausgeliefert. Die Reinigung sollte möglichst schonend sein. Wasser und Seife sind nicht ideal, denn Seife greift deinen Säureschutzmantel an.

Morgens reicht es aus, wenn du dein Gesicht mit reichlich lauwarmem Wasser abspülst. Abends verwendest du eine sanfte Reinigungsmilch oder eine Waschlotion. Denn jetzt musst du wieder abtragen, was du tagsüber auf deine Haut aufgetragen hast. Zum Abwaschen verwendest du reichlich Wasser. Danach gut, aber vorsichtig abtrocknen. Feuchte Haut ist sehr empfindlich.

Neigst du zu unreiner Haut, besorgst du dir am besten ein spezielles Waschgel, das antibakteriell wirkt. Das bekommst du in der Apotheke oder von einem Hautarzt.

Nicht zu viel peelen und cremen!

Da deine oberste Hautschicht aus abgestorbenen Hautzellen besteht, macht eine leichte Rubbelmassage die Haut wieder geschmeidig. Doch wenn du dies deiner Gesichtshaut zu oft zumutest, wird sie angegriffen. Denn die oberste Hautschicht ist dein natürlicher Schutzwall.

Du solltest deshalb allerhöchstens einmal die Woche so ein Peeling machen, besser aber nur zu besonderen Anlässen – etwa wenn du ausgehst. Ältere Haut kann häufiger ein Peeling vertragen. Bei dir ist es normalerweise völlig ausreichend, wenn du deiner Haut mit einem feuchten Waschlappen eine leichte Abreibung verpasst.

Für die Pflege deiner Gesichtshaut empfiehlt sich eine Tagescreme, die Feuchtigkeit enthält. Das kommt den Bedürfnissen deiner Haut entgegen. Eine spezielle Augencreme, eine Pflege für Hals oder Dekolleté brauchst du noch nicht.

Ob die Cremes, die du dir ausgesucht hast, gut für deine Haut sind, merkst du daran, dass sie nach dem Auftragen ein angenehmes Gefühl hinterlassen und du keine roten Pusteln oder Pickel im Gesicht bekommst. Spannt deine Haut nachhaltig, musst du wahrscheinlich das Präparat wechseln.

Hast du eine Kosmetiklinie gefunden, die dir guttut, dann bleib dabei. Deine Haut mag es nicht, wenn du ständig etwas Neues ausprobierst. Deshalb ersparst du ihr am besten auch das Verwenden von Kosmetikproben.

Pickel-Alarm

Pickel gehören zur Pubertät wie der Einlassstempel zur Disco. Kaum jemand bleibt davon verschont. Das liegt an der Hormonbildung, die jetzt so richtig in Schwung kommt. Zudem ist deine Haut empfindlich wie die eines Elefanten, und wenn du dich aufregst, solidarisiert sie sich gern mal mit einem Pickel. Und das natürlich bevorzugt dann, wenn es überhaupt nicht passt.

Damit deine Haut schön geschmeidig bleibt, wird in der untersten Hautschicht in den Talgdrüsen Talg gebildet. Wegen der ungleichmäßigen Hormonausschüttung tun die Drüsen oft jedoch zu viel des Guten. Dann kommt es vor, dass eine Pore verstopft. Normalerweise wird der Talg auf diesem Weg nach draußen befördert. Dann vergrößert sich die Talgdrüse. Der Talg wird hart und trocknet. In diesem Pfropf können sich bestimmte Bakterien vermehren und das Verderben nimmt seinen Lauf. Ein Pickel ist geboren.

Erste Hilfe bei Pickel-Alarm

Akuten Pickeln rückst du am besten mit speziellen Pickel-Tupfern mit Bakterienkillern zu Leibe.

Zur optischen Täuschung bieten sich Abdeckstifte an. In der Apotheke bekommst du Präparate, die gleichzeitig entzündungshemmend wirken. Hier gibt es auch Make-up für unreine Haut.

Du kannst einen Pickel auch mit frisch angebrochenem Teebaumöl betupfen, das du in der Apotheke bekommst (Teebaumöl verdirbt schnell!).

Eine Tee-Kompresse zieht die Poren wieder zusammen: Koch dir einen starken schwarzen Tee, tränke damit ein altes Geschirrtuch (der Tee färbt), sobald er lauwarm ist. Leg das Tuch auf dein Gesicht und lass den Tee zehn bis 20 Minuten einwirken. Danach trocken tupfen.

Zum Reinigen von Mitessern kannst du sogenannte Pickelpatches verwenden. Sie werden angefeuchtet, auf die betroffenen Partien geklebt und nach zehn Minuten mitsamt den Mitessern abgezogen.

Bei ganz schlimmen Pickeln kann dir der Hautarzt eine Salbe mit Antibiotika verschreiben. Wenn du richtige Akne hast, ist das ein Fall für den Doc. Er kennt eine Reihe wirkungsvoller Medikamente und kann dir selbst bei schweren Fällen helfen.

SOS

Herumdrücken verboten

Den Pickeln mit den Fingern den Eiter auszudrücken, macht die Sache nur noch schlimmer. Denn dann gerät die Haut immer mehr in Stress. Die Pickel nehmen dies zum Anlass, sich noch weiter auszubreiten.

Falls du dennoch nicht widerstehen kannst: Drück nie an »unreifen« Pickeln herum. Wenn du keinen gelben Punkt sehen kannst, kommt auch nichts dabei heraus. Drücke nur mit sauberen Fingern, um die du Kosmetik-tücher wickelst. Zieh die Haut über dem Pickel etwas auseinander und drück sie dann wieder zusammen.

Besser ist aber, du lässt es ganz sein. Denn je mehr du daran herumdrückst, umso eher bastelst du dir selbst auch noch Narben. Willst du die Pickel unbedingt entleert haben, lass das lieber von einer professionellen Kosmetikerin machen.

Heilerde-Maske gegen unreine Haut:

Verrühre zwei Esslöffel Heilerde aus der Apotheke mit vier Esslöffeln warmem Wasser und mische einen halben Teelöffel Öl darunter. Auf die Haut auftragen, dabei die Augenpartie aussparen. Die Tonerdemaske nach fünf bis zehn Minuten mit sehr viel Wasser abspülen. Creme dein Gesicht danach gut ein.

Freie Sicht auf die Bikinizone: Eine haarige Angelegenheit

Härchen an den Beinen, der Bikinizone und unter den Achseln möchten die meisten Mädchen gerne loswerden. Das geht heute ziemlich schnell, jedoch nicht immer auf die schonende Tour:

Rasieren: Das ist die schnellste, unkomplizierteste und wirksamste Lösung. Die elektrischen Ladyshaver rasieren rasch und ohne große Vorbereitung. Nassrasieren ist gründlicher, dafür nicht ganz ungefährlich, denn dabei kannst du dich leicht schneiden. Bei empfindlicher Haut kommt es häufiger zu Haarwurzelentzündungen. Verwende unbedingt vorher einen Rasierschaum mit pflegenden Substanzen wie Aloe vera und Kamille. Die rasierten Haare wachsen relativ schnell wieder nach, und zwar stoppelig, weil die feinen Spitzen weg sind. Nach dem Rasieren immer gut eincremen.

Epilieren: Mit etlichen rotierenden Pinzettenscheiben werden die Härchen erfasst und blitzschnell ausgezupft. Das ist eine Tortur für die Haut. An den Unterschenkeln lässt sich das noch einigermaßen aushalten. Für die Achselhöhlen eignet sich Epilieren ebenso wenig wie für die Oberlippe. Zudem musst du dazu extra zur Kosmetikerin.

Enthaarungscremes: Enthaarungscremes und -schäume sind mit schonenden Zusätzen versehen. Sie sind für die empfindliche Bikinizone geeignet. Die Präparate lösen die Haare völlig schmerzlos auf.

Voraussetzung ist, dass du alle Haare
mit einer dicken Schicht bedeckst, bevor
du sie abschabst. Besonders gut geht das
nach dem Baden, weil die Haare dann ohnehin schon
weich sind. Das Ergebnis hält etwa sieben Tage. Dann
zeigen sich Haarstoppel wie nach einer Rasur. Dass
Haare nach einer solchen Enthaarung besonders weich
nachwachsen, stimmt nicht.

Nicht alle vertragen Enthaarungscremes. Deshalb
solltest du vor dem ersten Mal oder einem Präpa-
ratswechsel erst einmal einen Test machen: Etwas
Creme in die Ellenbeuge geben, wenn sich die Haut
nach einer Weile rötet, ist die Methode nichts für
dich. Das gilt auch, wenn du Pickel, Verletzungen
oder einen Sonnenbrand hast.

Wachs: Diese schmerzhafte Prozedur eignet sich nur
für die Unterschenkel. Das Wachs wird in schmalen
Streifen auf die Haut geklebt und blitzschnell mitsamt
den Härchen wieder heruntergerissen. Warmwachs ist
vor allem für kräftige Haare gedacht. Kaltwachs-Streifen
sind leichter zu handhaben, sind allerdings nicht so
gründlich wie Warmwachs und eher etwas für feine
Härchen. Nach dem Enthaaren solltest du die Haut mit
Teebaumöl desinfizieren. Haarstoppeln zeigen sich erst
nach etwa sechs Wochen wieder.

Bleichen: Dunkle Haare an den Beinen oder im Gesicht kannst du auch durch Bleichen unsichtbar machen.
Bleichcremes funktionieren ähnlich wie Blondiercremes.

! Verzichte nach dem Enthaaren erst mal auf Deos, bis sich die Haut wieder beruhigt hat. Am besten steigst du auf ein Deo ohne Alkohol um.

! Haare auf Pigmentflecken, Leberflecken und Muttermalen nie auszupfen, sondern immer mit der Schere abschneiden.

! Benutze nach dem Rasieren keinen Selbstbräuner. Er kann die Haut reizen und sie sieht streifig aus.

Haut an Sonne: Bitte nicht brutzeln

Die Sonne löst in deinem Körper eine Reihe von wichtigen Prozessen aus – wie etwa die Vitamin-D-Bildung (brauchst du für starke Knochen und schöne Zähne). Dazu reicht es allerdings schon, wenn du dich im Schatten, bei bedecktem Himmel oder normalem Tageslicht draußen aufhältst. Zu viel Sonnenstrahlen lösen Hautkrebs aus und lassen dich früh alt aussehen. Wenn du in der Sonne bist, solltest du folgende Regeln beachten:

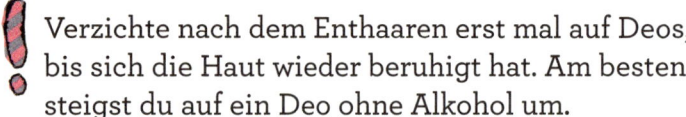

Wie lange du in der Sonne bleiben kannst, richtet sich nach deinem Hauttyp und der Sonnenintensität. Bei heller Haut darfst du nicht länger als fünf Minuten in der Sonne sein. Bei dunklem Teint musst du spätestens nach 40 Minuten wieder aus der

Sonne heraus. Diese Zeit kannst du mit einer Sonnen-
pflege mit Lichtschutzfaktor etwas erhöhen, mehr aber
auch nicht. Nachcremen musst du auch im Schatten.

Dein Haar braucht ebenfalls Sonnenschutz, denn die
Sonne bleicht es aus und macht es brüchig. Am besten
bewährt haben sich Sonnenhut und Kopftücher.

Auch deine Augen können verbrennen. Vergiss nicht,
dir eine Sonnenbrille aufzusetzen. Sie sollte das CE-
Zeichen tragen. Das garantiert dir einen hundertprozen-
tigen Schutz vor Sonnenstrahlen.

Sauna und Dampfbad sorgen für
strahlende Haut und glänzendes Haar.
Die Aufgüsse mit Kräutern regen den Kreislauf an und mobilisieren deine Lebensgeister.
Regelmäßiges Saunieren erhöht die Zahl der
natürlichen Killer-Zellen in deinem Blut.
Es baut Stresshormone ab, wirkt entspannend,
erfrischend und entschlackend. Deine Haut
wird glatt und rosig. Nach Sauna oder Dampfbad brauchst du dich nicht einzucremen,
denn deine Haut durchfeuchtet sich
durch das Schwitzen selbst.

Dein Gesicht: Spiegel deiner Seele

Mit einem gekonnten Make-up kannst du deine schönen Seiten herausstreichen – wenn du willst. Das soll dir Freude bereiten, einen »Anmal-Zwang« gibt es nämlich nicht. Ist dir dein natürliches Gesicht lieber, oder willst du nur ein wenig nachhelfen, ohne dass man es sieht, so ist das prima. In deinem Alter ist natürliches Aussehen ohnehin am Schönsten. In den großen Malkasten kannst du immer noch greifen, wenn du älter bist. Das ist ja das Schöne am Schminken: Du kannst es nach Lust und Laune oder je nach Anlass oder Seelenlage tun oder lassen, wie du willst.

Perfekt gestylt für große und kleine Auftritte

Wenn ein Make-up möglichst natürlich und nicht fleckig »draufgeklatscht« aussehen soll, musst du dir ein wenig Zeit dafür nehmen. Make-up – auch Concealer oder Foundation genannt – enthält Farbpigmente, die deine Haut gleichmäßiger aussehen lassen sollen. Getönte Feuchtigkeitscreme für jugendliche Haut enthält davon am wenigsten, Camouflage-Make-up für optisch sehr beeinträchtigte Haut (zum Beispiel die von Unfallopfern) am meisten. So deckt es Unreinheiten oder Unebenheiten ab.

Hast du eher fettige Haut oder bist du ein Mischtyp, brauchst du ein Make-up mit viel Feuchtigkeit und wenig Fett. Hast du trockene und empfindliche Haut, ist es umgekehrt. Möchtest du bei unreiner Haut etwas mehr abdecken, empfiehlt sich ein Make-up mit hohem Kompakt-puder-Anteil.

Wähle die Farbe deines Make-ups nicht zu dunkel, sonst siehst du immer zu stark geschminkt aus. Schau es dir vor dem Kauf bei Tageslicht an. Dann probiere es an Handrücken oder Unterarm aus. Make-up dunkelt nach einer Weile immer etwas nach. Am besten lässt du dich in einer guten Parfümerie beraten, bevor du etwas kaufst.

Das Profi-Make-up:

Vor dem Schminken solltest du deine Haut reinigen und deine Feuchtigkeitscreme auftragen. Wenn du eine getönte Creme benutzt und etwas transparenten Puder darübergibst, hast du einen ganz natürlichen Look und bist mit deinem Styling schnell fertig.

Verwendest du Make-up, trägst du es nun dünn auf dein Gesicht auf. Am natürlichsten sieht es aus, wenn du nur Nase und Kinn beziehungsweise die Stellen, die du abdecken willst, betupfst. Verstreiche vor allem die Übergänge sehr fein, sonst sieht man die Ränder. Am Ende gibst du noch einen Hauch Puder darüber, der etwas heller ist als dein Make-up. Er verdeckt glänzende Stellen und lässt dein Gesicht weicher erscheinen.

Mit etwas Rouge kannst du deinem Gesicht zusätzlich noch etwas mehr Frische verleihen oder deine Konturen etwas modellieren. Aber Vorsicht: Rouge lässt dich sehr schnell sehr geschminkt aussehen. Je dezenter dein Rouge, desto natürlicher sieht es aus.

Perfekt gestylt in fünf Minuten: Nach dem Reinigen und Pflegen deckst du deine Haut mit etwas Make-up ab und gibst etwas Puder darüber. Dann tuschst du deine Wimpern kräftig und betonst deinen Mund mit etwas Lipgloss. Fertig!

Die Macht deiner Augen

Die Augen gelten als das Schönste am Gesicht. Welche Farben du beim Schminken der Augen verwendest, hängt von deiner Augenfarbe und deinem Teint ab. Je zarter deine eigenen Töne sind, umso weniger stark sollten die Kontraste sein.

Gib als Erstes ein wenig Puderstaub auf Oberlid und Wimpern. Dann trägst du einen Lidschatten auf, wenn du willst. Die Farbe richtet sich nach deiner Augenfarbe, der Mode und dem Anlass. Sie soll deine Augen untermalen, nicht überdecken. Hier gilt: Weniger ist mehr.

Falls du eine Brille trägst: Bist du weitsichtig, verwende etwas weniger Farbe, denn deine Brillengläser vergrößern deine Augen. Bist du kurzsichtig, wirken deine Augen hinter den Gläsern kleiner und schärfer. Sie müssen so geschminkt werden, dass sie größer aussehen, z. B. mit Lidschatten. Trägst du Kontaktlinsen? Dann solltest du unbedingt darauf abgestimmte Produkte verwenden.

Wenn du deine Augen optisch verändern willst, probier aus, ob dir Lid- oder Kajalstrich gefällt. Dazu malst du dir direkt oben und/oder unten am Wimpernrand einen Strich. Das muss man allerdings üben, damit es gut aussieht!

Dann tuschst du dir die Wimpern zwei- bis dreimal kräftig. Mit einem Wimpernkämmchen bürstest du noch einmal nach, damit sich keine Fliegenbeine bilden. Vor dem Schlafengehen musst du unbedingt deine Wimpern abschminken, sonst brechen sie ab.

Schöne Augenbrauen

Mit einer Pinzette zupfst du dir die Augenbrauen sanft in Form. Übertreib es aber nicht, denn irgendwann wachsen die Augenbrauen nicht mehr nach. Zu stark gezupfte Augenbrauen sehen schnell künstlich aus. Nach dem Zupfen kämmst du die Brauen mit einem speziellen Bürstchen. Danach trägst du Brauenpuder auf oder strichelst die Brauen ganz leicht mit einem Augenbrauenstift nach.

Voll die Lippen

Rubbele deine Lippen morgens mit einem feuchten Waschlappen oder der angefeuchteten Ecke eines Handtuchs sanft ab, bis sie rosig schimmern. Dann gönne ihnen eine Extraportion von deiner Feuchtigkeitscreme. Hast du richtig trockene Lippen, nimm stattdessen lieber einen speziellen Pflegebalsam. Den massierst du vorsichtig mit kreisenden Bewegungen in deine Lippen ein. Fettstifte und Lippencremes sind meist etwas zäh, du musst sie deshalb etwas kräftiger einmassieren. Zarte Lippen bescheren dir auch Pflegestifte für die Nacht, die Glycerin oder Panthenol enthalten.

Wenn du zu spröden Lippen neigst, probier es einmal mit Honig. Er macht deine Lippen weich und sorgt für Feuchtigkeit. Tupfe einfach etwas flüssigen Honig auf deine Lippen und massiere ihn leicht ein. Lass ihn etwa 15 Minuten einziehen. Dann wischst du den Honig mit einem feuchten Tuch vorsichtig wieder ab. Verwende keinen zu pudrigen Lippenstift, denn er entzieht deinen Lippen Feuchtigkeit.

So schminkst du deine Lippen profimäßig:

Am besten versuchst du, deine Lippen sanft zu unter-
streichen. Allzu viel Farbe lässt dich aussehen wie einen
Papagei, vor allem, wenn du auch noch deine Augen
sehr betonst und Rouge verwendest. Für den Alltag
empfiehlt sich meist nur etwas Lipgloss.

Wenn du deine
Lippen stärker
betonen möch-
test, puderst du
dir die Lippen
leicht ab und
malst mit einem
farblosen Kontu-
renstift die Lippen-
linien nach. Damit
verhinderst du
das Auslaufen der
Farbe. Nun füllst du
die Lippenkonturen
mit einem Lippen-

stift deiner Wahl aus. Die Farbe richtet sich nach deiner
Haut, deinem Outfit und dem Anlass. Etwas farbloses
Gloss darüber – fertig.

Willst du deine Lippen etwas voller erscheinen lassen,
kannst du es einmal mit Lip-Pumper-Gloss versuchen.
Er enthält Gewürz- oder Kräuterauszüge, die deine Haut
reizen und für eine bessere Durchblutung sorgen. Dieser Push-up-Effekt kribbelt ein wenig, wirkt aber. Allerdings nur für einige Zeit.

Deine Haare: Immer obenauf

Gute 30 Meter Haar produzierst du täglich, würde man all deine neuen Haarspitzen zusammenlegen. Eine stolze Leistung. Von etwa hundert Haaren musst du dich zum Ausgleich täglich verabschieden. Generell sind alle Haare gleich aufgebaut. Jedoch unterscheiden sie sich vom Typ her, und der bestimmt, welche Pflege deinem Haar bekommt und welche Frisur am besten hält.

Man unterscheidet:

- ★ normales Haar
- ★ feines, dünnes Haar
- ★ fettiges Haar
- ★ trockenes Haar
- ★ sprödes, poröses Haar
- ★ Naturkrause

Haarpflege: Glänzend gemacht

Wenn dein Haar gesund ist, kannst du es ohne Bedenken jeden Tag waschen. Nimm ein Shampoo für deinen speziellen Haartyp und davon so wenig wie möglich, sonst wird dein Haar stumpf. Wasche aus dem gleichen Grund das Shampoo immer äußerst gründlich aus. Einmal die Woche kannst du deinen Haaren eine auf deinen Typ abgestimmte Pflegepackung gönnen. Spülungen verträgt dein Haar täglich.

Wenn du gefärbte, gesträhnte, blondierte oder sonstwie behandelte Haare hast, brauchen sie eine Extraportion Feuchtigkeit, sonst trocknen sie aus. Achte darauf, dass deine Pflegeprodukte beispielsweise Aloe vera, Kokosmilch, Panthenol, Vitamin E und leichte Pflanzenöle (Olivenöl) enthalten. Sie helfen dir, die Speicher wieder aufzufüllen.

Wichtig ist auch, dass du dein Haar nach dem Waschen möglichst wenig strapazierst. Nasses Haar ist extrem empfindlich. Knete es nur sanft mit einem Handtuch trocken, niemals rubbeln. Verwende zum Auskämmen nach dem Waschen immer einen grobzinkigen Kamm, keine Bürste. Kämme zuerst die Haarspitzen und arbeite dich dann langsam weiter nach oben. Föhne deine Haare nie zu heiß. Die Wärme strapaziert das Haar und macht es stumpf. Es wird auch mit sanfter Wärme trocken. Halte den Föhn mindestens 20 Zentimeter vom Kopf entfernt.

Nimm nie zu viel von deinen Styling-Produkten, denn damit erreichst du nur, dass deine Haare »zusammengeklebt« aussehen.

Haarfarben: Aber natürlich!

Obwohl auch bei den Haarfarben die pflanzlichen Färbemittel im Trend liegen, greifen die meisten dennoch
zu den chemischen Mitteln. Naturfarben ergeben zwar
besonders sanfte Töne, schonen das Haar, den Organismus und die Umwelt, doch reicht das Färbeergebnis
für den gewünschten Erfolg oft nicht aus. Chemische
Färbungen haben den Vorteil, dass sich dem Haar jede
mögliche Farbvariante aufzwingen lässt, das Ergebnis
länger besser hält und mittlerweile auch nicht mehr
unnatürlich aussieht. Der Nachteil ist, dass einzelne
Inhaltsstoffe der chemischen Färbemittel mit Allergi-
en und sogar mit Krebs in Zusammenhang gebracht
wurden.

Welches Farbergebnis willst du erreichen?

Wenn du nur die eigene Haarfarbe intensivieren, einen
leichten rötlichen oder bräunlichen Schimmer ins Haar
bringen möchtest, wählst du die Methode mit dem ge-
ringsten Risiko. Willst du allerdings kräftigere Farben,
ist ein größerer Eingriff in dein Haar erforderlich:

★ Tönungsshampoos bewirken nur eine ganz leichte
Tönung. Sie enthalten eine kleine Portion Farbpigmente und werden vom nassen, leicht aufgequol-
lenen Haar schnell angenommen. Die Einwirkzeit
beträgt ca. 10 Minuten. Die künstlichen Farbpigmente werden in den Randschichten des Haares
eingelagert. Sie sind nach einigen Wochen ausgewaschen.

⭐ Tönungen sind farbintensiver. Sie dringen nicht direkt in die Haare ein, sondern legen sich wie ein Mantel darum. Die Haare werden glatt und glänzend. Nach einigen Haarwäschen ist die Farbe ausgewaschen. Maximales Farbergebnis: zwei bis drei Nuancen dunkler, Aufhellen funktioniert nicht.

⭐ Intensivtönungen öffnen die Schuppenschicht des Haares, damit sich Farbpigmente einlagern können. So kannst du deine Haare dunkler machen. Aufhellen klappt nicht. Nach zwei Monaten ist die Farbe ausgewaschen.

⭐ Colorationen und Färbungen öffnen die Schuppenschicht der Haare, winzige Farbpartikel rutschen hinein. Mit dem Oxidationsmittel Wasserstoffperoxid entwickeln sie sich dann zur eigentlichen Haarfarbe. Du kannst deine Haare so dunkler färben, aber auch um zwei bis drei Farbstufen aufhellen. Nach zwei bis vier Wochen muss nachgefärbt werden. Die Farbe muss herauswachsen.

⭐ Farbsträhnen erfordern meist auch eine richtige Färbeprozedur. Sollen die Strähnchen heller sein als die Naturhaarfarbe, müssen sie erst einmal entfärbt werden, bevor die neue Farbe einziehen kann.

⭐ Beim Blondieren werden dem Haar die natürlichen Farbpigmente entzogen, dafür wird es zunächst aufgeweicht. Dann wird es blondiert.

So bekommst du deine Haarfeinde in den Griff

Glanzlose Haare: Dein Haar ist aufgeraut – wahrscheinlich hast du ihm zu viel Sonne oder zu viele Styling-Produkte zugemutet. Mach nach jeder Wäsche eine Kräuterspülung – etwa mit Kamillentee – damit sich dein Haar erholen kann.

Gespaltene Haarspitzen: Hier hilft nur abschneiden. Pflege deine Haarspitzen ab jetzt mit speziellen Pflegepackungen und lass sie regelmäßig schneiden.

Zu feines Haar: Volumen-Shampoo gibt deinem Haar mehr Fülle. Auch das richtige Styling hilft: Verteile etwas Volumen-Schaumfestiger im Haaransatz und föhne deine Haare über den Kopf, damit das Haar nicht so eng am Kopf anliegt. Vermeide alles, was die Haare schwer macht, wie etwa zu reichhaltige Pflegeprodukte mit Öl.

Zu krauses Haar: Bei hoher Luftfeuchtigkeit wird Naturkrause meist fusselig und plustert sich auf. Da hilft leider nicht wirklich etwas. Naturkrause kann viel Fett und Feuchtigkeit vertragen. Gönne ihm öfter eine reichhaltige Pflegepackung. Verwende Styling-Präparate für krauses Haar. Gib zum Abschluss etwas Haarspray darüber. Gehe nicht mit feuchten Haaren beziehungsweise ohne Kopfbedeckung aus dem Haus.

Fliegende Haare: Ist dein Haar zu trocken, kann es sich statisch aufladen. Dann steht es in alle Himmelsrichtungen ab und knistert, wenn du es kämmst. Dein Haar braucht vor allem mehr Feuchtigkeit, etwa ein Feuchtigkeitsspray. Du solltest es nur lauwarm föhnen

und vor Sonnen-
einstrahlung
schützen.
Gib nach dem
Waschen etwas Föhnlotion in
die trockenen Haarspitzen.

Matte Naturkrause: Glattes Haar glänzt mehr, weil es
das Licht besser reflektiert. In der Krause wird es ständig
gebrochen. Etwas Haaröl in den Spitzen kann den Glanz
verstärken. Übrigens: Kaltes Wasser bringt deine Haare
nicht zum Glänzen.

Fettige Haare: Sie sind genetisch oder hormonell
bedingt und von außen kaum zu beeinflussen. Du musst
deine Haare relativ häufig mit einem milden Shampoo
waschen, damit sie frisch aussehen. Verwende keine
Produkte, die noch zusätzlich Fett ins Haar bringen.

WAITING FOR MR. RIGHT!

Jungen: Eine wunderbare Erfindung!

Klar kennst du Jungen schon seit Kindertagen. Einige findest du sicher schon immer richtig nett, viele brauchbar und eine ganze Reihe ziemlich blöd. Du hast mit Jungen gespielt, gelacht und dich mit ihnen gekabbelt. In der letzten Zeit aber waren Jungen im Prinzip für dich sicher mehr ein notwendiges Übel als ein reines Vergnügen. Denn sie können total nerven. Sie spielen sich auf wie die größten Macker, machen dumme Sprüche über Mädchen, reißen die unangesagtesten Witze, sind in der Schule meist faul und interessieren sich nicht die Bohne für die Angelegenheiten von Mädchen.

Doch hier und da blitzt aus der einfältigen Masse Jungs ein cooler Typ heraus, der dich »irgendwie« interessiert. Weil er sooo niedlich aussieht und dir sooo lieb zulächelt. Er muss eine Sternschnuppe sein. Ein Alien von einem anderen Stern. Nun willst du das fremde Objekt mal näher untersuchen. Doch wie Fremdlinge es so an sich haben: Er spricht eine andere Sprache als du. Denn schließlich kommt er ja von einem anderen Stern …

Du brauchst also eine Übersetzungshilfe!? Hier ist sie.

Traumtyp oder Ekelpaket?

Mädchen haben oft das Gefühl, bei Jungen gegen eine Wand zu laufen. Denn diese sind nicht selten wie fest verschlossene Austern. Da geht nichts rein und kommt nichts raus. Da kannst du dann manchmal wirklich den Eindruck bekommen, Jungen kämen aus einem ganz anderen Universum.

Viele Missverständnisse zwischen Mädchen und Jungen (später dann auch immer noch zwischen erwachsenen Frauen und Männern) sind darauf zurückzuführen, dass sie eine unterschiedliche Sprache sprechen. Jedes Geschlecht hat – so könnte man meinen – seine eigene Muttersprache. Und das sieht dann konkret so aus: Während Mädchen sich beschweren, dass Jungen ihnen nie zuhören, stöhnen Jungen darüber, dass Mädchen sie unentwegt zutexten.

Von klein auf gehen Mädchen und Jungen tatsächlich unterschiedlich mit der Sprache um: Kleine Mädchen sind die besten Freundinnen, wenn sie pausenlos miteinander reden und sich Geheimnisse anvertrauen können. Sie verhalten sich absolut gleichberechtigt, möchten Harmonie und keinen Streit. Kleine Jungen halten das anders: Sie unternehmen etwas zusammen, treiben Sport, messen und reiben sich aneinander oder erleben gemeinsam Abenteuer. In ihren Gruppen herrscht fast immer eine klare Rangordnung, in der mit Worten und Taten um die besten Plätze gekämpft wird. Sich mit ihren Kumpels über ihre Gefühle auszutauschen, liegt Jungen nicht so. Überhaupt reden sie normalerweise nicht so viel.

So kommt es, dass die Jungen und Mädchen in eurem Alter meist etwas anderes voneinander erwarten. Während ein Junge es toll findet, mit seiner Freundin und seiner Clique viel gemeinsam unternehmen zu können, möchte sie so viel wie möglich mit ihm allein zusammen sein. Er möchte, dass sie akzeptiert, dass er mit seinen Freunden zum Fußballspielen, Basketball oder Skaten geht. Sie will ihm lieber alles von sich ganz ausführlich erzählen und an jeder Einzelheit seines Lebens teilnehmen.

> Auch wenn es mir nicht leichtgefallen ist, habe ich inzwischen akzeptiert, dass für meinen Freund seine Kumpels sehr wichtig sind.
> Anna, 16

Mädchen suchen meist die totale Nähe zu ihrem Freund und wollen alles mit ihm besprechen, was sie bewegt und interessiert. Jungen reden weniger und nur über das, was ihnen wichtig erscheint. Ihre Gefühle sind das eben meist nicht. Da geht es eher um die neueste Spielkonsole, das coolste Handy oder die aktuellen Bundesliga-Ergebnisse. Jungen halten generell mehr Abstand zu anderen Menschen. Das fassen Mädchen leicht als Beweis mangelnder Liebe auf, was es aber gar nicht ist.

Aufgrund dieser unterschiedlichen Erwartungen fühlen sich Jungen leicht belästigt und Mädchen schnell zurückgestoßen. Das kann echt enttäuschend sein. Kurz zusammengefasst: Wenn Jungen reden, geht es eher um Inhalte und Informationen. Mädchen sind Vertrauen und Verständnis wichtiger. Wenn du das begriffen hast und richtig einordnen kannst, passen Mädchen und Jungen eigentlich ganz gut zusammen. Allein wenn du weißt, dass vieles bei dir anders ankommt, als es von einem Jungen gesendet wird und gemeint ist, wird es dir schon helfen. Umgekehrt ist es natürlich genauso. Umso eher wirst du seine Zeichen dafür entdecken, dass er dich mag und sich für dich interessiert.

Jungen auf der Suche ... nach sich selbst

Ein Mädchen zu sein, ist richtig toll. Du erhältst viel Unterstützung von allen Seiten und kannst dich prima entwickeln. Jungen haben es da nicht so einfach. Sie geben sich meist cool, weil alle das von ihnen erwarten. Dennoch findet es kaum einer toll, wenn sie sich so benehmen. Sie machen große Sprüche, doch keiner will diese wirklich hören. Sie sollen sich »die Hörner absto-ßen«, aber gleichzeitig Putz- und Kochkurse belegen. Sie sollen sich in einer robusten Umwelt durchsetzen. Doch zu Hause werden sie weichgespült, da dürfen sie nicht einmal rangeln und raufen. In der Schule sollen sie Höchstleistungen bringen. Stattdessen führen sie sich dort laut, aggressiv, unaufmerksam und schlampig auf. Zudem sollen sie zärtlich sein und ihre Gefühle zulassen. Das passt alles irgendwie nicht richtig zusammen, findest du nicht auch?

Keiner bemüht sich wirklich, die Sprache der Jungen zu verstehen. Sie sind auf der Suche nach Vorbildern und finden keine. Das nächstliegende Vorbild – der Vater – ist in den meisten Familien oft aus beruflichen Gründen nicht viel zu Hause oder wohnt nicht mehr daheim, falls die Eltern geschieden sind und getrennt leben.

Anders als für Mädchen ist es für Jungen viel schwieriger, sich zu orientieren. Viele Jungen gelten inzwischen als Sorgenkinder. Sie werden mit allerlei Etiketten versehen: gewaltbereiter Schläger, Rambo, Macker, Macho, Weichei, »Schwuli«, Tunte, Frauenversteher und dergleichen. Wir sind uns ganz sicher einig darin, dass dieses Schubladen-Denken fast immer ungerecht ist und nie weiterhelfen kann. Jungen bringen doch ihre ganz eigene Ausstattung mit auf die Welt. Und diese ist ganz bestimmt nicht negativ, denn dazu gehören Neugierde, Lust am Leben, Spaß an Bewegung, Aktivität und Tatendrang. Also etwas, wovon auch Mädchen profitieren können. Denn nur wer Kanten hat, hat auch Profil!

Was Jungen echten Stress bereitet:

★ wenn andere besser sind

   ★ wenn die Freundin größer ist

★ wenn seine Freunde merken, dass er Arbeiten
im Haushalt erledigen muss

   ★ im Spiel gegen Mädchen zu verlieren

★ wenn Mädchen erfolgreicher sind

   ★ wenn sie als unsportlich gelten

★ keine Aussicht auf Geld zu haben

   ★ kein Mädchen zu finden

★ weniger Muskeln zu haben als die Kumpels

   ★ vor anderen zu weinen und Schwäche
zu zeigen

★ von anderen als »schwul« bezeichnet
zu werden

   ★ öfter »ich liebe dich« zu sagen

Was bei Jungen anders ist

Zu keiner Zeit seines Lebens macht ein Mensch so viele gravierende Veränderungen durch wie in deinem Alter. Alles wandelt sich – dein Körper, dein Geist, deine Seele,

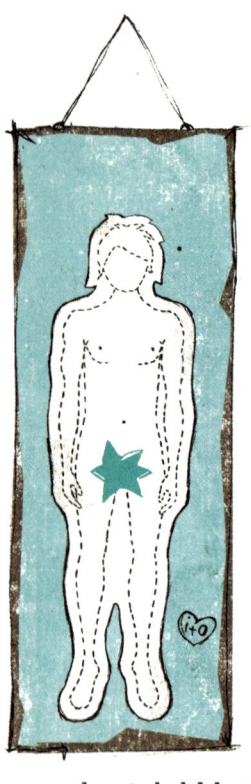

deine Erwartungen und deine Ansichten. Vieles ist in dieser Entwicklungsphase bei Jungen und Mädchen ähnlich, manches aber auch anders. Jungen kommen beispielsweise etwa anderthalb Jahre später in die Pubertät als Mädchen. Das ist der Grund, warum Mädchen Jungen eine Zeit lang noch ziemlich »babyhaft« und albern finden. Mädchen sind einfach weiter. Mit den Jahren gleicht sich das dann aber wieder aus.

Bei beiden Geschlechtern wird dieser Entwicklungsschritt in der Pubertät durch Hormone ausgelöst. Das sind sogenannte Botenstoffe, die fast alle Aufgaben in deinem Körper steuern oder zumindest beeinflussen. Sie werden in Drüsen gebildet, zum Beispiel im Gehirn, in den Nebennieren, in der Schilddrüse und in den Geschlechtsorganen.

Bemerkbar macht sich das bei einem Jungen so: Mit etwa elf bis zwölf Jahren stellt er fest, dass seine Hoden gewachsen sind. Ungefähr ein Jahr später wird auch das Glied größer. Allmählich verändert sich seine Stimme: Durch den Stimmbruch wandelt sich die kindlich hohe Stimme zur männlich rauen. In dieser Zeit »kieksen«

Jungen oft etwas lustig. Gesteuert wird diese Entwicklung durch das Gehirn. Es sendet Hormone an die Hoden, die daraufhin selbst Hormone ausschütten. Das wichtigste männliche Hormon heißt Testosteron. Unter seinem Einfluss reifen in der Pubertät die Geschlechtsorgane, wachsen Bart-, Brust- und Schamhaare, prägt sich die typisch männliche Körperform, wird die Stimme tiefer. Außerdem formt es das männliche Verhalten, denn es ist unter anderem für Angriffslust und Tatendrang verantwortlich.

Die einschneidenste Veränderung ist aber mit Sicherheit die Entfaltung der Sexualität. Sie ist mit zwei Folgen verbunden: Das eine Geschlecht sucht die Nähe des anderen. Sprich: Jungen und Mädchen wollen sich verlieben und eine Beziehung zueinander eingehen. Sie können nun aber auch Vater und Mutter werden. Beides ist zur richtigen Zeit ganz wunderbar.

> Ich traue mich gar nicht mehr, im Unterricht etwas zu sagen. Jedes Mal lachen mich alle aus, weil meine Stimme so komisch klingt.
>
> Jonas, 14

Die Geschichte
von Schloss und Schlüssel

Wie bei Mädchen sind bei Jungen die Geschlechtsorgane bei der Geburt vorhanden. Sie bestehen aus dem Glied, den Hoden und den Nebenhoden, die sichtbar außerhalb des Körpers liegen, dem Samenleiter, den Samenblasen, der Vorsteherdrüse und verschiedenen anderen Drüsen.

Das Glied besteht unter anderem aus Schwellkörpern, die sich bei sexueller Erregung verstärkt mit Blut füllen. Dadurch richtet sich das normalerweise weiche und kleine Glied auf, wird härter und größer. Man hat dann fast das Gefühl, als stecke ein Knochen darin. Die Vorhaut sorgt dafür, dass genügend Haut vorhanden ist, wenn sich das Glied versteift und verlängert. So hat die Natur sichergestellt, dass das Glied in die Scheide der Frau eingeführt werden kann.

Die beiden eiförmigen Hoden sind im Hodensack »untergebracht«. Dieser befindet sich zwischen den Beinen außerhalb des Körpers, weil es im Körper zu warm ist für die Samenentwicklung. Die Hoden werden von feinen Nerven und Blutgefäßen durchzogen und sind sehr empfindlich. Auf zarte Berührung reagieren sie sehr sensibel und lustvoll.

In den Hoden winden sich die stark aufgeknäuelten Samenkanälchen. Hier werden von der Pubertät an die Samen gebildet. Dazu ist das Testosteron notwendig. Mit dem ersten ausgereiften Samen und dem ersten Samenerguss kann ein Junge Vater werden.

Jungensorgen:
Bin ich der Größte?

Die größte Sorge von Jungen in der Entwicklung ist, dass ihr Glied nicht groß genug werden könnte. Das liegt an dem Vorurteil, das viele Menschen haben: Ein großes Glied gilt als besonders männlich und für Frauen besonders befriedigend. Wer ein großes Glied hat, ist demnach der absolute King. Doch auch das ist ein Gerücht: Größenunterschiede macht die Natur nämlich mehr oder weniger automatisch wieder wett.

Das steife Glied ist bei den meisten erwachsenen Männern etwa zehn bis fünfzehn Zentimeter lang – egal, wie groß oder klein es sonst ist. Die Größenunterschiede sind im steifen Zustand relativ gering. Man weiß, dass ein im schlaffen Zustand kleiner Penis weit über sich hinauswächst und ein schon im schlaffen Zustand recht großer Penis nicht mehr so viel größer wird. Die Länge der weiblichen Scheide entspricht dem in etwa. Sie kann sich zudem anpassen, indem sie sich verengt oder weitet.

Größe und Form des Gliedes sind Vererbungssache und durch äußere Maßnahmen nicht zu beeinflussen. Es gibt kein Wundermittel, das ein Glied zum Wachsen bringt. Für deine eigene sexuelle Erfüllung spielen Größe und Form des Gliedes ebenso wenig eine Rolle wie für die sexuelle Lust des Jungen. Die Fähigkeit, Kinder zeugen zu können, hat damit nichts zu tun. Auch für die Qualität als Lover wird die Größe des Penis schlichtweg überschätzt.

Jungen, Mädchen, die Liebe und der Sex

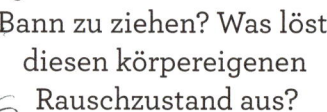

Die erste Liebe ist mit Abstand das Tollste, was dir in dieser Zeit passieren kann und wird. Sie löst die widersprüchlichsten Gefühle aus: Übermut, unbändige Lebensfreude, Spannung, Stolz, Zweifel, Hilflosigkeit, Unsicherheit und Verlustangst. Liebe ist mit dem Gefühl verbunden, etwas Besonderes zu sein. Denn da ist ja jemand, der dich so vergöttert, wie du bist. Der dich begehrenswert, schön und klug findet. Und dich allen anderen Menschen vorzieht – jedenfalls für eine Weile.

Die erste Liebe wird dich überfallen wie eine Katze ein wehrloses Mäuschen. Sie ist umgeben von dem Geheimnis des Unbekannten. Warum sehen sich auf einmal zwei Menschen in die Augen und sehen dort den Himmel? Warum schlägt der Blitz ein, wenn die zwei sich berühren? Woher wissen die beiden, dass sie sich jetzt darauf einlassen wollen, sich gegenseitig unwiderruflich in den Bann zu ziehen? Was löst diesen körpereigenen Rauschzustand aus?

Mit der Liebe ist das so eine Sache. Sie ist unser mächtigstes Gefühl. Ganze Heerscharen von Dichtern und Denkern, Sängern und Popstars besingen sie. Doch wirklich beschreiben kann sie kaum einer.

BEST OF LOVE MOVIES:
*Schlaflos in Seattle
*Valentinstag
*Twilight
*Notting Hill

Die Art der Liebe, die du in der Pubertät erfährst, ist jedenfalls anders als die Liebe zu deinen Eltern, deinen Großeltern, deinen Geschwistern oder deinen Haustieren. Neu an dieser Liebe ist, dass auch deine beziehungsweise eure Sexualität angesprochen wird. Auch wenn ihr noch gar nicht miteinander schlafen möchtet, ist dies eine sexuelle Liebe, die mit einem ganz besonderen und unvergleichlichen Kribbeln verbunden ist.

Wenn sich zwei Menschen richtig ineinander verlieben, dann stehen sie vor lauter »Schmetterlingen im Bauch« völlig neben sich. Sie sind total voneinander verzaubert. Jede auch noch so winzige Berührung wird zu einer globalen Erschütterung. Sie gehen völlig ineinander auf und finden einander einzigartig. Sie starren sich stundenlang in die Augen, vergessen alles um sich herum.

Für ihre Umwelt sind sie in dieser Zeit nicht gerade ein Gewinn. Denn sie sehen und hören nichts außer einander. Das ist für Jungen nicht anders als für Mädchen. Oft mögen sie allerdings vor ihren Freunden nicht zugeben, dass es sie richtig »erwischt« hat.

Natürlich ist dieser Zustand nicht von Dauer. Irgendwann kehrt bei jedem Paar der Alltag ein. Das kann der Startschuss für die große Liebe sein. Aber auch der Anfang vom Ende. In der Pubertät ist meist Letzteres der Fall. Dann wirst du frei für eine neue Liebe sein. Und das ist gut so. Es kann auch gut sein, dass du in zwei oder sogar mehrere Jungen gleichzeitig verliebt bist. Aber nicht aus jedem Verliebtsein wird etwas. Bei näherem Betrachten sind Menschen, die gut zu einem passen, sowieso nicht so zahlreich.

Lieben will gelernt sein

Dieses große Gefühl ist ein ständiger Drahtseilakt zwischen Nähe und Distanz. Er besteht darin, das Wesen des anderen, so weit es geht, zu achten. Dabei sollte man aber aufpassen, dass man sich nicht des anderen wegen selbst aufgibt. Nicht selten ist in solchen Beziehungen einer verliebter als der andere. Es tut weh, wenn die eigene Liebe nicht in gleichem Maß erwidert wird. Sexualität und Liebe sind zwei Dinge, die zwar zusammengehören, jedoch nicht miteinander verwechselt werden dürfen. Sexualität ist ohne Liebe möglich. Und Liebe kann sich ohne Sex entfalten. Die Sexualität wird aber in unserer Gesellschaft so hoch bewertet, dass die Liebe darüber manchmal völlig vergessen wird. Oder dass Sex mit Liebe verwechselt wird. Liebe kann die Voraussetzung dafür schaffen, dass die Sexualität an Schönheit und seelischer Freude gewinnt. Aber das eine muss nicht zwangsläufig mit dem anderen zusammengehen.

Liebeszauber-Beschwörungs-Tee

Bestimmte Gewürze wirken ausgleichend und entspannend, andere belebend oder sie spenden dir frische Energie. Gewürze wie Zimt, Ingwer, Kardamom oder Nelken eignen sich hervorragend dafür, düstere Gedanken zu vertreiben und den Kopf für eine neue Liebe frei zu machen.

Probiere es einmal mit diesem Rezept:

1 EL Kardamomkapseln
1 kleine Stange Ceylonzimt
2 Nelken
1 EL frisch gehackter Ingwer

Gib die Gewürze in ¼ l Wasser und lass den Tee etwa eine Viertelstunde köcheln. Gieße ihn nun durch ein Sieb und mische Honig und Milch dazu.

Ab wann ist Sex erlaubt?

Jeder Mensch hat seine Sexualität und darf sie auch ausleben, sofern er nicht andere damit stört oder gegen die geltenden Gesetze verstößt. Diese dienen in erster Linie dazu, dich zu schützen. Sexuelle Handlungen mit Kindern unter 14 Jahren sind verboten. Dabei reicht es, wenn einer der beiden Partner noch keine 14 ist, denn in diesem Alter giltst du noch als Kind. Unter 14 Jahren ist Geschlechtsverkehr prinzipiell strafbar.

Lassen deine Eltern zu, dass ihr minderjähriges Kind Sex hat, machen sie sich strafbar. Ebenso ein älterer Junge, wenn er sexuellen Kontakt zu einem Mädchen hat, das unter 14 Jahre alt ist. Jugendliche zwischen 14 und 16 Jahren bekommen vom Gesetzgeber eine gewisse Eigenverantwortlichkeit zugesprochen. Dennoch werden diejenigen bestraft, die sexuelle Handlungen in dieser Altersgruppe aktiv begünstigen – etwa, indem sie ein Zimmer bereitstellen. Ausnahme: Erziehungsberechtigte – also die Eltern – handeln nicht strafbar, wenn sie im Rahmen ihrer Erziehungsverantwortung sexuelle Kontakte zulassen. Bedingung: Sie dürfen ihre Erziehungspflicht dabei nicht grob verletzen.

Jugendliche zwischen dem 16. und dem 18. Geburtstag dürfen miteinander Sex haben, ohne dass dies strafbar ist. Ein Volljähriger, der Sex mit einer 16-Jährigen haben möchte, sollte sich allerdings besser bei den Eltern des Mädchens eine Zustimmung einholen, sagt man. Aber das ist natürlich ziemlich utopisch.

Ein anderes Thema ist, ab wann du dich zum Sex bereit fühlst. Jedes Mädchen muss für sich selbst herausbe-

kommen, was sie will und wann der beste Zeitpunkt
für sie ist. Die körperliche Entwicklung
spielt dabei keine Rolle.

Mit dem Einsetzen der Geschlechtsreife können theore-
tisch alle Mädchen und Jungen schon Geschlechtsverkehr haben. Doch die erste Monatsblutung tritt bei Mädchen gelegentlich schon ein, wenn sie sich noch wie ein
Kind fühlen. Selbst wenn du aufgrund deiner körperlichen
Entwicklung bereits schwanger werden könntest, fühlst
du dich ja noch lange nicht als erwachsene Frau. Entschei-
dend ist, dass du dich reif genug für das Ausleben deiner
eigenen Sexualität fühlst. Diesen wichtigen Schritt solltest du aus innerer Überzeugung und Bejahung heraus
tun. Denn du stellst damit ja auch die Weichen für dein
weiteres erfülltes sexuelles Leben.

Liebe und Sex – ein ungleiches Paar

Den meisten Mädchen geht es in ihren Liebesbeziehungen sehr häufig in erster Linie gar nicht um Sex. Jedenfalls zunächst nicht. Sie sehnen sich vielmehr nach einem Menschen, der ihnen Zärtlichkeit schenkt und sie versteht. Sie möchten mit ihrem Freund Gedanken und Gefühle teilen, Probleme mit ihm besprechen können. Sex wird so für Mädchen im Laufe der Zeit vor allem eine Möglichkeit, »ihm« besonders nahe zu sein.

Für viele junge Mädchen ist die sexuelle Befriedigung selbst zunächst gar nicht von so großer Bedeutung. Denn sie lernen diese in der Regel erst sehr viel später. Sie geben oft den Wünschen ihres Freundes nach, ohne dies wirklich zu wollen. Sie trauen sich nicht, Nein zu sagen. Sie möchten ihn nicht verlieren, nicht prüde, rückständig oder »uncool« wirken oder mit anderen mitreden können.

In einer guten Beziehung gibt es aber eine ganze Menge an Dingen, die ein Paar zusammenschweißen, ohne dass sie miteinander schlafen müssen, wenn sie beide oder einer von ihnen das noch nicht will. Jungen fällt es, im Gegensatz zu Mädchen, meist leichter, Liebe und Sexualität voneinander zu trennen. Aber natürlich ist auch für Jungen Liebe nicht unwichtig. Jedenfalls zum richtigen Zeitpunkt.

Liebe und Sexualität nehmen zu unterschiedlichen Zeiten einen anderen Stellenwert ein. Es dauert eine Weile, bis sich das ausgleicht. Durch Liebe kann Sex noch sinnlicher und schöner werden. Und umgekehrt.

Fall nicht drauf rein: Wenn Jungs angeblich nur kuscheln wollen

Das sind die häufigsten Behauptungen, mit denen Jungen versuchen, Mädchen ins Bett zu bekommen:

- Komm, wir kuscheln nur. Es passiert bestimmt nichts weiter.

- Beim ersten Mal kann man gar nicht schwanger werden.

- Ich passe schon auf. Es kann überhaupt nichts passieren.

- Ich habe garantiert kein Aids. Ich brauche kein Kondom. Du kennst mich doch.

- Du liebst mich nicht, sonst würdest du jetzt mit mir schlafen.

- Du bist die große Liebe meines Lebens (und das, obwohl ihr euch gerade erst kennengelernt habt).

- Du bist ja total verklemmt! Völlig von gestern, sonst würdest du mit mir schlafen. Auf der Stelle.

- Die XYZ, die würde sich darum reißen, jetzt mit mir ins Bett zu springen.

Was Mädchen gern von Jungen wissen wollen

Wie finden Jungen es, wenn Mädchen beim Flirten den ersten Schritt machen?

Hier tun sich Abgründe auf: Einerseits beschweren sich Jungen darüber, wenn Mädchen nicht aktiv werden und immer darauf warten, dass sie angemacht werden. Sie stöhnen darüber, dass sie immer den ersten Schritt machen müssen. Andererseits denken sie schnell: »Na, die hat es aber nötig!« Als ob ein Mädchen, das von sich aus auf einen Jungen zugeht, gleich mit jedem ins Bett hüpft. Am nächsten Tag beschweren sie sich schon wieder darüber, dass sie die Signale von Mädchen nicht richtig einschätzen können.

Oder sie fühlen sich mordsmäßig geschmeichelt und halten sich deswegen gleich für einen besonders tollen Kerl. Damit können sie dann so beschäftigt sein, dass sie glatt den Flirt verpassen …

Wieso kriegen Jungen gleich Schweißausbrüche, wenn Mädchen über Liebe reden?

Die Erde ist ein Klammertal: Alles sehnt sich danach, geliebt zu werden. Doch wenn ein Mädchen davon spricht, setzen bei Jungen erst mal Schweiß-Attacken ein. Wenn es um das Ausdrücken von Gefühlen geht, sind Jungen meist unbeholfene Analphabeten. Das müssen sie im Laufe ihres Lebens erst mühsam lernen. Dabei kannst du ihnen helfen! Wenn Jungen länger mit einem Mädchen zusammen sind, tauen sie meist allmählich auf.

Sie sind jedoch nicht so erpicht darauf, heute mit ihrer Freundin über ihre Gefühle zu sprechen und morgen von deren bester Freundin darauf angesprochen zu werden. Sie finden meist, dass Mädchen zu viel miteinander quatschen und auch nicht immer vertrauenswürdig sind. Sagt ein Mädchen beispielsweise, dass sie einen Jungen liebt, obwohl sie sich erst zwei Stunden kennen, finden Jungen das einfach nur dämlich. Sie haben dann – wahrscheinlich nicht zu Unrecht – Angst, dass das Mädchen zu sehr klammert. Das geht ihnen schnell zu weit. Allein das Wort »Beziehungsgespräch« verursacht bei Jungen Pickel.

Über Sex reden Jungen hingegen recht gern – allerdings nicht mit Mädchen, sondern mit ihren Kumpels. Hier können sie hemmungslos mit ihren Eroberungen protzen und geben dann auch gerne mal zum Besten, mit wem sie schon alles im Bett waren: Lady Gaga, Gwen Stefani und Pink. Noch jemand ohne Fahrschein?

Warum gehen Jungen so bedenkenlos fremd – selbst mit unserer besten Freundin (oder fast noch schlimmer: mit unserer größten Feindin)?

Alles Gerüchte der übelsten Sorte ... Leider sind sie unter Mädchen weit verbreitet. So sehen das die Jungen. Sie finden, dass Mädchen ihnen da haushoch überlegen und die fiesesten Betrügerinnen sind. Auch das ist natürlich ein Vorurteil erster Güte. Welche Ausrede gibt es noch? Alles reine Genetik ... oder so.

Meistens legt das Mädchen in einer Beziehung mehr Wert auf Treue als der Junge, der gerne mal dem Ruf seines mehr oder weniger kleinen Freundes folgt. Allerdings sind die Treueschwüre mancher Mädchen auch nicht unbedingt immer für alle Ewigkeit ...

Warum glauben Jungen, dass sie mehr von Musik verstehen?

Weil sie sich nie eine CD kaufen würden, nur weil der Sänger sooo süüüüüß ist.

Warum rufen Jungen nicht an, obwohl Mädchen so darauf warten?

Erstens sind Jungen auch unsicher, ob ihr sie mögt. Sie sind nicht unbedingt scharf darauf, sich eine Absage einzufangen. Wenn Jungen anrufen, tun manche Mädchen so cool, als sei ihnen alles ziemlich egal. Zweitens haben Jungen Angst davor, dass ihnen Mädchen zu sehr auf den Pelz rücken, wenn sie ihr Interesse zu deutlich zeigen. Drittens vergessen sie es manchmal schlicht auch einfach – etwa, wenn sie mit ihren Kumpels unterwegs sind.

Wieso stehen Jungen eigentlich so auf blonde Haare und lange Beine?

Klar schwärmen sie für gut aussehende weibliche Wesen und für bekannte Sängerinnen, Schauspielerinnen oder Models, die sie im Fernsehen oder in Zeitschriften sehen (dir geht es mit männlichen Stars sicherlich nicht anders!). Doch in der Realität sind diese ihnen oft zu anstrengend oder für sie gar nicht erreichbar. Oft steckt in der schönen Karosserie ja nicht einmal ein Motor. Auf Dauer mögen Jungen Mädchen, mit denen sie Pferde stehlen können. Sie stehen deshalb so ziemlich auf alle Mädchen – Hauptsache, sie sind einigermaßen natürlich und keine nervigen Zicken.

Auch kleine Fehler wie ein bisschen Übergewicht oder Cellulite machen ihnen weniger zu schaffen, als Mädchen oft denken. Was sie eher nervt: Wenn Mädchen ständig von ihren Problemzonen reden, wenn sie Sex nur im Dunkeln mögen, ein T-Shirt dabei anlassen oder ewig versuchen, den Bauch einziehen, weil sie Angst haben, der Junge könnte ihre vermeintlichen Makel entdecken und deswegen Schluss machen.

Warum schenken Jungen so ungern etwas?

Häufigste Erklärung: vergessen, einfach nicht daran gedacht, keine gute Idee für ein Geschenk gehabt, nicht so gemeint. Übersetzt heißt das: keine Lust, viel zu unbequem. Lass die andern mal machen.

Wieso interessieren Jungen sich nicht für Verhütung?

Weil sie nicht schwanger werden können. Und offenbar wie kleine Kinder das Gefühl haben, wenn sie die Augen zumachen, wird schon alles gut gehen. Außerdem knallen bei ihnen häufiger die Sicherungen durch. Aber auch wenn es anders wäre: Verlass dich nicht drauf, kümmere dich auf jeden Fall lieber selber drum. Rechtzeitig! Vorher!!

Warum können Jungs nicht richtig Schluss machen?

Jungen »verkrümeln« sich gern mal nur per SMS. Angeblich wollen Jungen dem Mädchen nicht wehtun. Tatsache ist: Hier gibt es keine Entschuldigung! Aber natürlich auch für dich nicht, wenn du per SMS Schluss machst!

Verhütung: Ein Muss!

Obwohl es heute Möglichkeiten gibt, sich wirksam vor einer Schwangerschaft zu schützen, gehen noch immer zu viele Mädchen unvorbereitet in den Geschlechtsverkehr. Eine unerwünschte Schwangerschaft ist in jedem Alter eine Katastrophe, in der Pubertät aber ganz besonders. Natürlich ist es nachvollziehbar, dass ein Mädchen unverhofft in eine Situation hineinrutscht, in der Liebestaumel und Glücksgefühl die Verhütung vermeintlich unwichtig werden lassen oder in denen es gerade für ein Mädchen schwer ist, Nein zu sagen.

Doch das ist sehr gefährlich, denn ein einziger Verkehr reicht für eine Schwangerschaft aus. Vorsorge und regelmäßige Besuche bei einem kompetenten Frauenarzt sind also unerlässlich. Und über Verhütung könnt ihr heute schließlich auch locker sprechen. Verhütung ermöglicht es Jugendlichen, einander sexuell kennenzulernen, ohne dass sie sich gleich aneinander binden müssen. Sie ist gerade für junge Mädchen die Chance, eine entspannte Sexualität ohne Angst vor Schwangerschaft zu erleben, eine Ausbildung zu ergreifen und einen Beruf zu haben.

Es gibt heute eine Reihe von modernen und sogar bequemen Verhütungsmethoden. Jede hat ihre Vor- und Nachteile und nicht alle sind für junge Mädchen gut geeignet. Es muss von Persönlichkeit zu Persönlichkeit, nach Alter und Lebensgewohnheiten entschieden werden, welche Methode infrage kommt. Für junge Mädchen steht Sicherheit selbstverständlich an erster Stelle. Die wichtigsten Verhütungsmittel sind deshalb der Scheidenring, die

Pille und – nicht zu vergessen – das Kondom, vor allem in Kombination miteinander.

Die Verhütung mit Hormonen gilt als der zuverlässigste Schutz vor einer Schwangerschaft. Außerdem ist sie einfach anzuwenden. Deshalb werden insbesondere Scheidenring und Pille für Mädchen und junge Frauen empfohlen. Dennoch sind und bleiben sie hochwirksame Medikamente aus künstlichen Hormonen mit seltenen, aber möglichen Nebenwirkungen. Aus diesem Grund müssen sie vom Arzt verschrieben werden.  Er sollte sich zweimal im Jahr davon überzeugen, dass keine Komplikationen auftreten und dass das Mädchen die Hormone auch wirklich gut verträgt.

Für Mädchen ab 14 Jahren ist es in der Regel kein Problem, sie zu bekommen. Bis zum 20. Lebensjahr übernimmt die Krankenkasse dafür die Kosten. Ganz offenbar spricht auch von der körperlichen Entwicklung her medizinisch nichts dagegen. Allerdings: Weder Scheidenring noch Pille machen angesichts des gefährlichen Aids-Risikos das Kondom überflüssig!

Auf einen Blick:

Welche Verhütungsmittel sind für euch Mädchen am besten geeignet?

 **Wirkung** **Sicherheit*** **Vorteile** **Nachteile** **Eignung**

* Der sogenannte Pearl-Index gibt die Zahl der Schwangerschaften an, wenn hundert Frauen ein Jahr lang diese Verhütungsmethode verwenden. Die Angaben schwanken meistens. Wird gar keine Verhütung praktiziert, liegt er bei 60 bis 80.

Vaginalring

 Ein biegsamer Kunststoffring wird für drei Wochen in die Scheide eingelegt. Nach einer ringfreien Woche, in der die Entzugsblutung einsetzt, wird ein neuer Ring in die Scheide geschoben. Der Ring setzt die Hormone Östrogen und Gestagen frei und unterdrückt den Eisprung.

 0,65 (nach Angaben des Herstellers)

Der Ring ist sehr sicher, wird von dem Paar meist gar nicht bemerkt, die Hormondosis ist vergleichsweise niedrig, du kannst das Thema Verhütung für drei Wochen vergessen. Die Wirkstoffe müssen nicht über die Leber abgebaut werden, sondern kommen gleich an Ort und Stelle.

Es gelten fast alle Risiken der herkömmlichen Pille wie ein eventuell erhöhtes Thromboserisiko; Kopfschmerzen und Scheidenentzündungen sind möglich. Wer nicht mit Hormonen verhüten darf, sollte auch von dem Vaginalring Abstand nehmen.

 Für Frauen in jedem Alter, für die eine hormonelle Verhütung infrage kommt, ist das eine bequeme Lösung. Für junge Mädchen, die sich nicht scheuen, sich den Ring in die Scheide einzulegen, besonders geeignet. Vorteil: Wenn Probleme auftreten, lässt sich der Ring jederzeit entfernen.

Pille

 Die Pille ist heute meist eine sogenannte Mikropille und besteht aus den Hormonen Östrogen und Gestagen.

 0,03 – 0,1

 Die Sicherheit steht an vorderster Stelle.

 Die Risiken sind – je nach Ausgangslage der Frau – nicht unerheblich: erhöhtes Thromboserisiko, Zyklusstörungen, Kopfschmerzen, Gewichtszunahme, Libidoverlust.

 Für junge, gesunde Frauen, die zuverlässig jeden Tag eine Tablette einnehmen mögen – die also einigermaßen zuverlässig und nicht vergesslich sind.

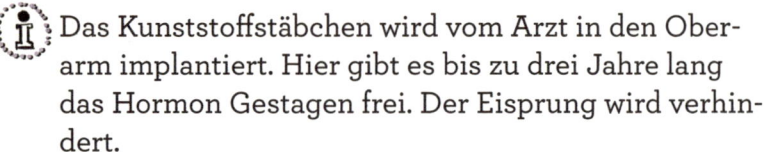

Hormonimplantat

 Das Kunststoffstäbchen wird vom Arzt in den Ober-
arm implantiert. Hier gibt es bis zu drei Jahre lang
das Hormon Gestagen frei. Der Eisprung wird verhin-
dert.

 0

 Sehr sicher, die Frau muss lange nicht mehr daran
denken.

Es kommt häufig zu Zwischenblutungen bis hin zum
völligen Ausbleiben der Regel. Falls schwerwiegende-
re Probleme auftreten, muss das Stäbchen mit einer
kleinen Operation vorzeitig entfernt werden. Das
Stäbchen ist spürbar, das stört manche Frauen.

Für Frauen, die aus gesundheitlichen Gründen keine
Östrogene nehmen dürfen, und solche, die das Thema Verhütung über lange Zeit vergessen wollen. Für
junge Mädchen nicht geeignet.

Drei-Monats-Spritze

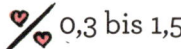 Mit einer Spritze wird das Hormon Gestagen in die
Pobacke gespritzt. Es wirkt wie die Pille.

0,3 bis 1,5

sehr sicher, sehr lang anhaltend

 Sehr hohe Hormondosis mit entsprechenden möglichen Nebenwirkungen, häufig Zyklusstörungen, die Fruchtbarkeit ist auch lange nach der Wirkzeit beeinträchtigt. Treten Komplikationen auf, gibt es keine Möglichkeit, den Wirkstoff aus dem Körper zu befördern. Bei längerer Anwendung steigt die Osteoporose-Gefahr.

 Bei näherem Besehen eigentlich für keine Frau, Ausnahme sind Frauen mit bestimmten chronischen Erkrankungen.

Hormonspirale

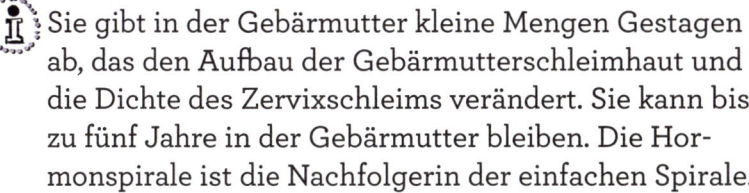

Sie gibt in der Gebärmutter kleine Mengen Gestagen ab, das den Aufbau der Gebärmutterschleimhaut und die Dichte des Zervixschleims verändert. Sie kann bis zu fünf Jahre in der Gebärmutter bleiben. Die Hormonspirale ist die Nachfolgerin der einfachen Spirale.

 0,1

 Sie kommt mit relativ kleinen Hormonmengen aus und ist trotzdem sehr sicher. Es treten seltener Infektionen auf als bei den herkömmlichen Spiralen.

 In den ersten Monaten kommt es häufig zu Zwischenblutungen. Die Blutungen sind schwach, kommen gelegentlich auch zum Erliegen.

 Besonders geeignet für ältere Frauen, die schon geboren haben, nur in seltenen Fällen für Mädchen.

Hormonpflaster

Jede Woche klebt sich die Frau ein Pflaster auf, das die Hormone Östrogen und Gestagen über die Haut abgibt. Es war bislang zunächst nur in den USA erhältlich, jetzt auch bei uns.

0,9 (laut Hersteller)

Sehr sicher, nur geringe Hormondosen, Schwimmen und Duschen beeinträchtigen die Wirkung nicht.

Sichtbar, wird leicht verloren, nur für Frauen unter 90 Kilo geeignet, sonst stimmen die Mengen nicht mehr, eventuell erhöhtes Risiko für Thrombosen.

Für junge und ältere Frauen, die weder die Pille schlucken wollen noch sich selbst einen Vaginalring einlegen mögen und mit Hormonen verhüten dürfen. Das Problem ist das Abfallen des Pflasters – etwa im Schwimmbad oder im Bett.

Es gibt noch eine ganze Reihe anderer Verhütungsmethoden, wie die partnerschaftliche Empfängnisregelung, die Verhütungskappe LEA, samentötende Substanzen und die Sterilisation. Sie sind allerdings nicht für Mädchen in deinem Alter geeignet, sondern für erwachsene Frauen.

Schwanger? Schwanger! Der Notfall

Liebe, Sex und Verhütung sind Dinge, die gelegentlich schwer unter einen Hut zu bringen sind. Niemand ist vor Missgeschicken geschützt. Natürlich versuchst du am besten, solche Pannen von vornherein zu vermeiden. Doch wenn es einmal passiert ist, solltest du wissen, was du tun kannst und wo du Hilfe findest. Das Wichtigste ist, dass du rasch reagierst. Je schneller, desto besser. Umso rascher legt sich deine Angst, wenn es ein Fehlalarm war. Umso mehr Zeit hast du zum Nachdenken, wenn du wirklich schwanger bist.

Ich hatte Angst, ungewollt schwanger zu sein. Meine Freundin ist mit mir zu einer Beratung gegangen. Dort wurde ich super informiert und konnte über meine Probleme sprechen.
Sarah, 16

Mädchen, die in ihren Jugendjahren schwanger werden, haben ein gravierendes Erlebnis zu bewältigen. Sie können, wenn sie das Kind zur Welt bringen, bestimmte Entwicklungsschritte nicht mehr vollziehen, werden von den Ereignissen überrollt und fast immer überfordert. Es ist schwer für dich als Jugendliche, die Tragweite der Entscheidung zu überschauen, die in diesen Tagen und Wochen gefällt werden muss. Deswegen scheue dich nicht, dir professionelle Hilfe zu suchen.

So kommt es zu einer Schwangerschaft

Solange du kein Kind bekommen möchtest, musst du verhindern, dass Ei- und Samenzelle zusammentreffen. Tust du dies nicht, besteht die Gefahr, dass du ungewollt schwanger wirst. Und so passiert's:

Schwanger kann ein Mädchen oder eine Frau werden, wenn in ihrem Körper eine Eizelle herangereift ist, die durch den Samen eines Mannes befruchtet werden kann. Dieser Zeitpunkt wird Eisprung genannt und liegt meist in etwa in der Mitte zwischen zwei Monatsblutungen. In den Eierstöcken der Frau reift normalerweise in jedem Monatszyklus eine solche Eizelle heran. Hat sie ein bestimmtes Stadium erreicht, macht sie sich durch den Eileiter hindurch auf in die Gebärmutter. Auf diesem Weg kann es nach einem ungeschützten Geschlechtsverkehr zu einer Befruchtung kommen. Dann schlüpft eine Samenzelle in die Eizelle. Gemeinsam entwickeln diese beiden sich zu einem neuen kleinen Menschen. Die sich rasch teilende befruchtete Eizelle nistet sich bis zur Geburt des Babys in der Gebärmutter ein. Ist die kleine Eizelle nicht befruchtet worden, löst sie sich auf, und es kommt zur Blutung.

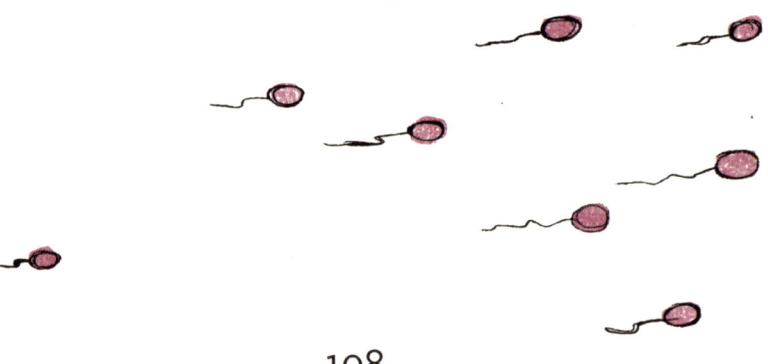

Schnell reagieren mit der »Pille danach«

Nach einem ungeschützten Geschlechtsverkehr oder einer Verhütungspanne solltet ihr euch sofort an eine Ärztin, einen Arzt, eine Klinik oder eine Familienberatungsstelle wenden. Hier wird euch auf jeden Fall geholfen.

Für einen solchen Notfall steht eine spezielle Verhütung zur Verfügung: die »Pille danach«. Das Mittel muss spätestens 72 Stunden nach dem Geschlechtsverkehr eingenommen werden. Je eher das passiert, desto sicherer wirkt die Notfall-Pille. Die Einnahme der »Pille danach« ist mit wenig Nebenwirkungen und Risiken verbunden, sodass es im Zweifelsfall immer sicherer ist, sie einzunehmen. Ihr habt 24 bis maximal 76 Stunden Zeit dafür.

Die »Pille danach« ist ein hormonelles Verhütungsmittel, das ähnlich wie die Pille funktioniert. Im Gegensatz zu dieser kann sie jedoch nach einem ungeschützten Geschlechtsverkehr eingenommen werden, um eine Schwangerschaft zu verhindern. So steht sie euch nach einer Panne zur Verfügung.

Bei uns in Deutschland ist die »Pille danach« verschreibungspflichtig. Jede Ärztin oder jeder Arzt darf dieses Rezept ausstellen – im Normalfall wird das eine Gynäkologin oder ein Gynäkologe sein. Aber auch die Hausärztin, der Hausarzt oder ein anderer Arzt deines Vertrauens. Hast du/habt ihr ein Rezept dafür, bekommst du das Medikament in der Apotheke. An Wochenenden, feiertags oder nachts kannst du dich auch an einen ärztlichen Notdienst oder an eine frauenärztliche Abteilung in einem Krankenhaus wenden. Diese sind auf solche Notfälle in der Regel vorbereitet.

Auch Familienplanungsstellen, in denen Ärztinnen und Ärzte arbeiten, helfen euch weiter. Ihr müsst keine Angst haben, dorthin zu gehen, denn die Beraterinnen und Berater sind dazu da, euch zu helfen und mit Rat zur Seite zu stehen. Sie kennen sich damit bestens aus, denn schließlich haben sie schon etlichen Frauen und Paaren in einer so misslichen Lage geholfen. Die Beratungsinitiative pro familia hat eine Hotline eingerichtet, bei der ihr euch rund um die Uhr informieren könnt: 01805 776326. Scheut euch nicht, dort in einem Notfall sofort anzurufen – oder auch, wenn ihr einfach nur Fragen habt.

Einrichtungen von Pro familia gibt es überall in Deutschland, Österreich und der Schweiz. Mehr Infos auf: www.profamilia.de/ angebote-vor-ort

Die Magie der Steine

Steine haben für den Menschen in Liebesdingen eine besondere Bedeutung. Sie können deine Wünsche verstärken und dich beschützen und stärken. Allerdings brauchst du dazu etwas Geduld, denn Steine sind uralt und brauchen Zeit, um ihre Wirkung zu entfalten.

Bedeutung und Kräfte:

AMETHYST: wirkt gegen Stress

AQUAMARIN: hilft dir bei Mutlosigkeit

BERGKRISTALL: schenkt dir Mut und Klarheit

BERNSTEIN: gibt dir Wärme in Krisenzeiten

JADE: unterstützt deine innere Ausgeglichenheit und schenkt dir inneren Reichtum

LAPISLAZULI: stimmt dich weich, milde und mitfühlend

MONDSTEIN: lässt Liebesgefühle fließen

OPAL: sensibilisiert deinen Sinn für Schönheit

23.8.2011 ES IST ALSO DOCH WAHR,ER HAT EINE ANDERE. GESTERN NOCH HAT ER MIR VERSICHERT,DASS ER NUR MICH LIEBT. ICH HABE ES MIR SCHON GEDACHT.FÜR WIE BLÖD HÄLT ER MICH. NATÜRLICH MUSS ICH

JETZT DOCH HEULEN. HIER SIND DIE KARTEN. LETZTEN GEM KINOBESU

25.8.2011 ES NICHT ER KNUTS MIR MIT RUM, DAS

So ist das Leben: Liebesglück und Liebespech

Die erste Begegnung, erster Blick, zweiter Blick, Verwirrung, Kontaktaufnahme, das erste warme Prickeln im Bauch, und schon bebt die Erde. Oft ist innerhalb weniger Minuten alles gelaufen: verliebt, verknallt, verschossen – und du bist für die Welt erst mal verloren.

Ich war so in den coolsten Jungen der Klasse verliebt. Jedes Mal, wenn er mich anschaute, bin ich knallrot geworden.
Das war megapeinlich!

Marion, 14

Weshalb du aber beim Anblick des coolen blauäugigen Jungen von nebenan oder des braunen Lockenkopfes aus der Popband weiche Knie und ein »vernebeltes« Hirn bekommst, weshalb du völlig austickst, wenn du ihn siehst, bleibt wohl ein Rätsel. Wahrscheinlich gibt es eine Art inneres Suchbild, das sich im Laufe des Lebens herausbildet und sich natürlich immer wieder verändern kann. Das hängt von deiner Erziehung, deinen Erfahrungen, Erinnerungen, Ansichten und Vorurteilen, aber auch vom Körpergeruch deines Gegenübers, seiner Stimme, den Blicken, dem Aussehen, vielleicht sogar von seiner Kleidung und vom Zeitpunkt ab.

Die meisten Menschen suchen einen Partner, der ihnen in gewisser Weise ähnlich ist, einen Wesensverwandten.

Andere werden von exotischen Menschen angeregt,
die total anders sind als sie selbst. Daher kommen die
Sprichwörter »Gleich und Gleich gesellt sich gern« und
»Gegensätze ziehen sich an«.

Dieser »Mix« ändert sich von Liebe zu Liebe und durch
die Erfahrungen, die du machst und wie du sie verarbei-
test. Selbst wenn wir irgendwann ganz genau wissen,
was sich in unserem Körper abspielt, tun die Gefühle
doch, was sie wollen: Wir verlieben uns einfach, in wen
wir uns verlieben müssen. So wird es auch dir ergehen.
Nicht nur einmal, sondern häufiger.

Die sechs Such-Regeln: Wie lernst du deinen Traumtyp kennen?

Deine erste Such-Regel heißt: Raus aus dem Haus!
Die meisten jungen Menschen in deinem Alter lernen
ihre erste Liebe in ihrem normalen Umfeld kennen – in
der Schule, in der Clique, in der Ausbildung, im Prak-
tikum, in der Freizeit, beim Sport, im Schwimmbad,
auf Partys und in der Disco. Zwar kannst du auch im
Internet eine Menge Leute kennenlernen, schöner (und
auch sicherer!) ist es jedoch, wenn du dich nicht virtuell
verknallst, sondern einen »echten« Menschen findest.
Willst du jemand »Richtigen« kennenlernen, musst du
unter Menschen gehen und Kontakt zu ihnen suchen.
Die Liebe wartet praktisch vor deiner Nase, um dich zu
erwischen. Du musst nur noch zupacken.

Die zweite Such-Regel lautet: Errege Aufmerksamkeit. Du musst eine Gelegenheit schaffen, um von dir reden zu können. Nur so kannst du zeigen, wer und wie du bist. Ein ansprechendes Äußeres kommt dir dabei natürlich zur Hilfe. Man könnte es so sagen: Bevor ein Junge dir ins Gesicht schaut, guckt er dir auf den Busen, Po und Beine ... auch wenn wir Frauen uns da schnell mal auf die Füße getreten fühlen. Das solltest du nun nicht unbedingt »heraushängen« lassen, doch eine nette Verpackung bringt dich schon etwas weiter. Ob aus dem Flirt etwas Ernsthafteres wird, entscheiden jedoch deine anderen Eigenschaften. Aber dafür ist dann ja immer noch Zeit genug.

Such-Regel Nummer drei lautet: Für jeden Topf gibt es einen passenden Deckel. Lass dich nicht entmutigen. Du musst nur in den richtigen Fischgründen angeln – vorausgesetzt, du hast dir nicht in den Kopf gesetzt, Robert Pattinson oder Bruno Mars an den Haken zu bekommen.

Such-Regel Nummer vier des gelungenen Kennenlernens besagt: Wenn ihr intensiver ins Gespräch kommt, gibt es ein paar Tabus, die du nicht brechen solltest. Sprich niemals über deine Gewichtsprobleme, deine Krankheiten, deine Krampfadern, deine Pickel, seine Ex und deinen Ex. Auch Gespräche über Sternzeichen und Daily Soaps hassen die meisten Jungs. Spar diese Themen aus, dann verhinderst du, dass er vorschnell das Weite sucht! Sie sind die absoluten Flirtkiller.

Such-Regel Nummer fünf betrifft Bekannt-schaften aus dem Internet: Wenn du dich mit jemandem verabredest, den du im Netz kennengelernt hast, solltest du generell vorsichtig sein. Denn hier tummeln sich viele dubiose Typen, die dir unter Umständen sehr gefährlich werden können. Die meisten Internet-sucher sind sogenannte»Multiflirter«. Sie kämpfen also an mehreren Frauenfronten. Manche sind auch nur »Fakes«, also Jungen oder Männer, die sich eine Schein-Identität im Internet zugelegt haben und unglaubwürdig sind. Mit diesen Menschen solltest du nie ein Date ausmachen und sie alleine treffen.

Ohnehin wird im Internet gelogen, was das Zeug hält. Beschönige in den E-Mail-Kontakten von Anfang an nichts, was dich betrifft. Stell dich nicht besser dar, als du bist. Sag nicht, dass du langes blondes Haar hast, wenn du ein roter Strubbelkopf bist. Und bei einer Größe von 1,63 m solltest du besser nicht behaupten, dass deine »Beine bis zum Hals« gehen. Wenn du eine gesunde, runde Figur hast, tu nicht so, als spieltest du in der Model-Liga bei Größe Zero mit. Das Gleiche gilt natürlich auch für deine anderen Eigenschaften.

Such-Regel Nummer sechs: Ran an den Feind! Die Partnerwahl ist kein Supermarkt, wo du dir unter 257 verschiedenen Haarshampoos in aller Ruhe ein passendes aussuchen kannst. Hier und heute ist Olympia, und deine Konkurrenz ist groß. Trau dich. Du kannst es dir leisten!

Er liebt mich, er liebt mich nicht

Du hast dich verliebt und weißt noch nicht, wie es bei ihm aussieht? So durchschaust du ihn besser: Wenn ein Junge Mädchen ziemlich auffällig und häufig hinterschaut, ist sein Interesse eher auf alle weiblichen Wesen als auf ein einzelnes gerichtet. Es gibt viele Mädchen, die er toll findet und in die er vielleicht auch verknallt ist oder »so etwas Ähnliches«, mit denen er aber noch nicht direkt Kontakt sucht. Wahrscheinlich träumt er dann von ihnen, denkt an sie, wenn er abends allein im Bett liegt, und überlässt sich seinen Fantasien. Möglicherweise ist es heute die eine, am nächsten Tag dann schon wieder eine andere.

Damit bereitet er sich innerlich auf den »Ernstfall« vor – das heißt, wenn er auf »echte« Mädchen oder Frauen trifft. Außerdem weiß er vielleicht noch gar nicht, auf welchen Typ er überhaupt richtig fliegt, welche Eigenschaften ihm wichtig sind und was er umgekehrt machen muss, damit du ihn »erhörst«. Und am Anfang, wenn er sich mit sich selbst noch nicht so auskennt, findet er Mädchen vielleicht eher bedrohlich. Vor allem, wenn er sich vorstellt, er müsse ihretwegen seine Jungenclique, den Fußball oder sonst etwas aufgeben. Das ist völlig normal. Du kannst aber sicher sein, dass ihm – wenn er reif genug ist für die erste richtige Liebe – nichts wichtiger sein wird, als gerade jetzt mit dir zusammen sein zu können. Mit Jungen musst du etwas Geduld haben, sie brauchen manchmal etwas länger.

Damit punktest du bei Jungen

Jungen ticken anders. Also springen sie auch auf andere Sachen an als Mädchen. So gewinnst du das Herz eines Jungen:

Er braucht Anerkennung rund um die Uhr

Jungen sind auf Leistung getrimmt und müssen immer versuchen, der Beste zu sein. Das ist ziemlicher Stress für einen Jungen. Seine wichtigste Seelennahrung ist deshalb deine Anerkennung, dein Respekt. Seine größte Kränkung ist – was für ein Wunder! – Verächtlichkeit. Jungen sind nämlich nicht so cool, wie sie immer tun.

Ihr Selbstwertgefühl kann ziemlich schnell zu Boden gehen. Nutz das auf keinen Fall aus. Wenn du ihn gernhast und mit ihm zusammen sein möchtest, sei in deiner Anerkennung so bedingungslos, wie du selbst gern geliebt werden möchtest. Lass auch andere wissen, wie viel Achtung du ihm entgegenbringst. Wenn er das mitkriegt: umso besser!

Finde seine romantische Ader

Jungen sind weitaus romantischer, als sie zugeben. Hat sich ein Junge auf dich eingelassen, wartet er genauso auf einen Anruf, eine SMS oder eine Mail von dir. Er hat irgendwo ein Foto von dir gebunkert, und Mädels, die dir ähnlich sehen, lassen sein Herz erbeben. Forscher sagen sogar, dass es Jungen und Männer oft stärker erwischt. Sie sind dann bereit, so gut wie alles für dich zu opfern. Vorausgesetzt, du kitzelst all das aus ihm heraus. Denk daran: Kleine Geschenke und wohldosierte Aufmerksamkeiten erhalten die Freundschaft.

Sei nicht eifersüchtig auf seine Freunde

Die Kumpels und die Clique sind für einen Jungen ganz wichtig. Doch sie sind im Grunde keine Konkurrenz für dich. Sie sind ihm nicht wichtiger als du. Wenn du ihm seine Freunde miesmachst und beleidigt bist, trittst du ihm trotzdem echt auf die Füße. Deswegen lass es bleiben. Mach einfach selbst etwas Schönes, wenn er keine Zeit hat. Dann habt ihr euch hinterher wieder etwas zu erzählen.

Bring ihn zum Lachen

Gemeinsam lachen zu können, ist das Wichtigste in einer funktionierenden Beziehung. Paare, die keinen gemeinsamen Humor entwickeln können, haben in der Regel auch keine große Zukunft.

Wissen musst du allerdings, dass Jungen und Mädchen eine unterschiedliche Art von Humor haben: Mädchen amüsieren sich gerne über die Witze von Jungen – sofern es sich dabei nicht um frauenfeindliche oder abwertende Späßchen handelt. Auch klischeehafte Blondinenwitze sind nicht wirklich der Bringer. Dass solche Witze bei Mädchen nicht gut ankommen, sollten auch Jungs irgendwann kapieren. Ansonsten freuen sich Mädchen, wenn der Junge sie zum Lachen bringt. Jungen dagegen glauben, dass ein Mädchen einen guten Humor hat, wenn es über seine Witze lacht. Sehr witzig. Wie auch immer: Gemeinsames Lachen befreit und ist fast so schön wie Küssen.

Die vier schrägsten Jungs-Typen

Natürlich sind Jungen reine Individualisten. Dennoch gibt es Typen, denen du immer wieder begegnest. Erkennst du einen davon wieder?

Das scheue Reh

Er ist schüchtern und zurückhaltend. Er fürchtet sich vor allem Fremden. Dennoch ist er kein Weichei. Er sucht ja nur ein warmes Plätzchen im Windschatten einer starken Frau. In dir löst er das Gefühl aus, du müsstest sofort den Welttierschutzbund anrufen, um ihn zu retten. Er sucht kein Mädchen, das ihm ähnlich ist. Er braucht einen starken Baum, an den er sich anlehnen kann. Wenn du ihn erobern möchtest, musst du viel Zuwendung investieren. Fühlt er sich bei dir sicher, ist er zärtlich, einfallsreich und keineswegs so langweilig, wie du auf den ersten Blick vielleicht meinst. Allerdings: Er wird nie ein leidenschaftlicher Draufgänger werden.

Der Showmaster

Wenn er nicht im Mittelpunkt stehen kann, ist er kreuzunglücklich. Er lässt seine Muskeln spielen, prahlt mit seinen

Erfolgen und zieht sich so abgefahren an, dass du einen Pupillenstillstand bekommst. Ja, er ist eitel. Als Mädchen musst du ihm das Gefühl geben, dass du ihn ohne Ende bewunderst. Seit es ihn gibt, braucht Deutschland eigentlich keinen Superstar mehr zu suchen. Wenn du an diesem Entertainer interessiert bist, verbirg auf jeden Fall deine Überlegenheit, denn die nimmt er dir krumm. Schließlich ist er der Größte. Glaubt er. Aber er spürt schon, ob dein Applaus von Herzen kommt. Als Freund ist er nicht schlecht, denn er hat Fantasie und Ehrgeiz – solange du ihm nicht die Show stiehlst.

Der Checker

Er glaubt, er sei der Klügste von allen. Er allein hat den Überblick und checkt alles. Er hat jede Menge gelesen und begreift die Welt. Jedenfalls behauptet er das. Wenn du mit ihm ins Gespräch kommen willst, solltest du erst einmal einen kompletten Buchladen leer lesen. Andererseits hat dieser Besserwisser es aber auch nicht so gern, wenn gegen ihn angeschlaumeiert wird. Im Prinzip weiß er nämlich gar nicht so viel, wie er vorgibt. Er beurteilt aber alles. Als Freund ist er nicht unsensibel und versucht herauszufinden, was dir gefällt und guttut. Wenn er später mal groß ist, wird er ein Genießer und ein Fünf-Sterne-Koch.

Der Sunnyboy

Er ist so schrecklich süß, charmant und ... leicht zu durchschauen. Früher nannte man Jungs wie ihn Hallodri, Windhund oder Hans-Dampf-in-allen-Gassen. Leichtfüßig hüpft er durch das Leben und von Mädchenherz zu Mädchenherz. Aber genau das bereitet so manchem Mädchen Kummer. Denn es fliegen ihm so viele Herzen zu, weil er locker, unkompliziert, pflegeleicht und immer gut gelaunt ist. Das Problem mit ihm: Kaum ist er da, schon ist er wieder weg – wie eine Biene, die von Blüte zu Blüte fliegt. Er flutscht dir aus der Hand wie ein Stück Seife. Eine feste Beziehung macht ihn verrückt. Wenn du diesen Paradiesvogel einfangen willst, so lass dir bloß nichts anmerken. Sonst ist er schneller weg, als du gucken kannst.

So gesehen: Diese vier Typen sind bei näherer Betrachtung alle nicht uninteressant, aber ziemlich anstrengend. Da wünschst du dir schon fast einen ganz gewöhnlichen Normalo. Der ist unauffällig nett, hilfsbereit und angenehm langweilig. Doch er ist nicht auf den Kopf gefallen, nimmt Anteil an dir und der Welt. Manchmal ist er ein stiller Genießer und ein guter Beobachter. Dass er nicht immer im Mittelpunkt stehen will, ist wohltuend. Als platonischer Freund ist er der Hit schlechthin. Als Liebster vom Dienst!? Ausprobieren. Das hängt von deinem Temperament ab. Und das Gute: Die meisten Jungen sind Mischungen aus all diesen Typen. Da findest du sicher den perfekten Mix.

So vermeidest du Enttäuschungen

 Gib dich nicht mit Jungen ab, von denen du gar nichts erwartest – etwa nur, um die Zeit totzuschlagen, bis dein Mister Perfect auftaucht, oder um anderen zu zeigen, was für eine tolle Lady du bist.

 Wenn du Jungen triffst, die du noch nicht kennst, liegt darin natürlich eine prima Chance. Doch halte das erste Date kurz, dann hast du nichts zu verlieren, kannst dir einen Eindruck verschaffen, machst ihm keine falschen Hoffnungen und kannst ihn dennoch bald wiedersehen – wenn du willst. Handle niemals gegen dein Gefühl. Wenn du weißt, dass du jemanden nicht leiden kannst, folge deinem Gefühl.

 Geh niemals zu früh mit einem Jungen ins Bett. Warum? Wenn er dich danach nie wieder anruft, bist du wahrscheinlich höllisch verzweifelt. Lass dir lieber etwas Zeit.

 Mach deutlich Schluss, selbst wenn sich zwischen euch nichts »Richtiges« abgespielt hat. Auch unverbindliche Verhältnisse solltest du zu Ende bringen. Der Junge könnte denken, ihr beide hättet etwas miteinander. Zeige Respekt und gib ihm die Chance zu kapieren, dass zwischen euch nichts ist und nichts sein wird.

 Werde auch mit deinen Bekenntnissen nicht zu schnell intim. Das ist eine uralte Erfahrung: Wenn du über Sex sprichst, führt das über kurz oder lang zu selbigem. Wirkliche Intimität braucht aber Zeit und Vertrauen.

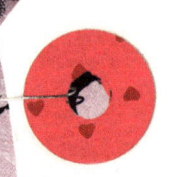

Gelinggarantie für dein erstes Date

♥ Du musst dich gut fühlen und dich selbst mögen.

♥ Trag Klamotten, die zu dir passen. Brezel dich nicht auf, wenn dir nicht danach ist.

♥ Mach dich so zurecht, dass du angenehmes Interesse weckst.

♥ Sei nicht abweisend, aber auch nicht aufdringlich.

♥ Sag, was dir einfällt. Du musst allerdings nicht verkrampft witzig sein.

♥ Schau deinem Gegenüber offen ins Gesicht, vermeide es aber, ihn anzustarren.

♥ Vertraue auf dein Gefühl.

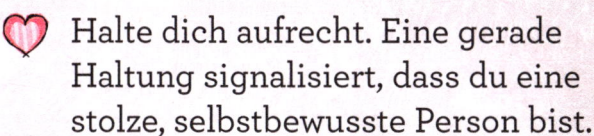

♥ Halte dich aufrecht. Eine gerade Haltung signalisiert, dass du eine stolze, selbstbewusste Person bist.

♥ Versuche nicht, jemanden zu imitieren.

♥ Sei nicht zu laut, vermeide schrille Töne.

♥ Interessiere dich für das, was dir erzählt wird. Frag nach.

♥ Verlasse Situationen, in denen du dich unwohl oder bedroht fühlst.

♥ Mach dir klar, dass ein Flirt immer auch das Risiko in sich birgt, dass dir jemand auf die Füße tritt. Oder umgekehrt.

♥ Einen Flirt kann man nur halbwegs planen. Er ist immer auch Glückssache. Also: Immer schön die Augen offen halten!

Konkurrenz belebt das Geschäft

Niemand, der liebt, ist vor Untreue gefeit. Wer von seinem Partner betrogen wird, reagiert fast immer eifersüchtig. Auch hier gibt es wohl niemanden, der in seinem Leben davon verschont bleibt. Eifersucht kann wie ein Fieber sein, ständig laufen im Kopf dieselben Bilder ab: Man sieht ihn, wie er mit der anderen »herummacht«, sie liebt, mit ihr viel netter und fröhlicher ist und mit ihr Dinge tut, die er mit einem selbst noch nie getan hat. Mal ganz davon abgesehen, ob das wirklich stimmt, du wirst diese Bilder einfach nicht los. Und mit von der Partie sind Hass, Wut, Angst, Neid und Selbstzweifel.Diese dunkle Seite der Liebe entspringt dem Gefühl, dass uns etwas weggenommen wird. Dass jemand, den wir lieben, uns mit einer anderen Person vergleicht und wir dabei schlechter abschneiden. Sie entspringt der Angst, mit der anderen nicht konkurrieren zu können. Ein großer Teil des Geschehens spielt sich »hinter deinem Rücken« ab. Das gleicht einer greifbaren Bedrohung.

Während eifersüchtige Jungs dazu neigen, aggressiv zu werden und dem Nebenbuhler einen Schaden zuzufügen, gehen Frauen mit List und Tücke vor, indem sie Intrigen gegen die andere spinnen oder sie vor anderen schlechtmachen. Sie verzeihen Untreue schneller, weil ihnen die seelische Verbundenheit meist wichtiger ist. Sie »kitten« oft da, wo es gar nichts mehr zu kitten gibt.

Für Eifersucht ist oft mangelndes Selbstbewusstsein die Ursache. Eine gesunde Portion Selbstliebe schützt vor den selbstzerstörerischen Seiten dieses Gefühls.

Wappne dich gegen Eifersucht

⭐ Pass dich nicht an alle Bedürfnisse und Wünsche deines Freundes an – etwa aus Angst, er könnte dich verlassen.

⭐ Versuche, deinen Freund nicht ständig zu kontrollieren oder hinter ihm her zu spionieren. Damit reibst du dich nur selbst auf, vertreibst deinen Freund oder blamierst dich vor anderen.

⭐ Versuche, ihm mit Respekt zu begegnen, auch wenn du noch so wütend bist. Gefährde das Niveau deiner Beziehung nicht.

⭐ Halt die Augen offen, damit du seine Liebesbeweise nicht übersiehst. Denn Jungen haben eine völlig andere Art als Mädchen, ihre Zuneigung zu zeigen. Sie reden dabei weniger. Werte dies nicht ab.

⭐ Überleg dir, was du von deinem Liebsten erwartest, und sprich das ruhig offen aus. Denn oft steckt hinter einem vermeintlichen Seitensprung oder ähnlich »abtrünnigem« Verhalten nur ein Missverständnis.

⭐ Steh zu deiner Eifersucht und der Angst vor dem Verlassenwerden – zumindest dir selbst gegenüber. Das macht dich stark.

Liebe kommt vor dem Fall

Am Anfang eines jeden Liebeskummers steht das Herz-klopfen: die große Liebe – jedes Mal wieder. Vor allem aber beim ersten Mal! Diese Liebe ist ein ganz besonderes Feuer für dein Selbstwertgefühl. Sie gibt dir Auftrieb: Du hebst sofort ab und fühlst dich großartig. Unverwundbar. Im siebten Himmel. Du hast das Gefühl, jetzt hast du alles, wonach du dich gesehnt hast. Kannst Bäume ausreißen und möchtest die ganze Welt umarmen. Liebe ist ein rosarotes Gefühlsdoping. Sie ist das schönste Gefühl, das wir kennen. Dabei ist die erste Liebe am dramatischsten und aufregendsten.

Der Typ, der dein Gehirn zum Schmelzen brachte und immer noch bringt, ist der großartigste Mensch des ganzen Universums. Er bringt alles in dir zum Leuchten. Er gehört dir ganz allein und soll immer für dich da sein. Du hast ihn zum Fressen gern, könntest ihn verschlingen und willst nie wieder im Leben von ihm getrennt sein. Kein anderer Mensch kann es mit ihm aufnehmen.

> Ich hab schon die ganze Zeit gemerkt, dass Lena mich toll findet. Endlich habe ich mich getraut, sie ins Kino einzuladen. Sie war total happy!
>
> Tom, 15

Verliebtsein ist ein ganzkörperlicher Ausnahmezustand – zum Heulen schön! Verliebtsein ist aber auch die Zeit des Wartens und des Deutens. Wann ruft er an? Warum ruft er nicht an? Meint er es ernst mit mir? Warum sagt er nicht öfter, dass er mich liebt? Liebt er mich überhaupt?

Wir haben uns doch geküsst. Und ich weiß, dass sein
Herz geklopft hat! Ich kann ohne ihn nicht leben!!
Nie mehr!!!

Das Gefühl des Verliebtseins umgibt ein ewiges Geheimnis. Warum schauen sich zwei Menschen in die
Augen und sehen plötzlich den Himmel ineinander?
Das ist ein Augenblick im Leben, in dem die Zeit
stillsteht, ein Moment, in dem es kein Vorher
und kein Nachher gibt. Nur ihn und dich. Da ist
jemand, der dich liebt. Du fühlst dich auf einmal
begehrenswert und schön. Einmalig. In diesem
Moment gibt es keine Konkurrenz für dich.

Du bist das kleine Raupenkind, das aus seinem
Kokon herauskrabbelt und ein wunderschöner
Schmetterling wird. Ist das Leben nicht wunder-
bar?

Für ihre Umwelt sind Verliebte nicht gerade ein Gewinn. Denn sie sehen und
hören nichts außer einander. Das
ist bei Jungen nicht anders als bei
Mädchen. Oft wollen sie allerdings
vor ihren Freunden nicht zugeben,
dass es sie richtig »erwischt« hat.
Denn das gilt bei Jungen
nicht gerade als cool.

Aus und vorbei

An sich wird Treue unter Heranwachsenden großgeschrieben. Solange sie mit jemandem zusammen sind, halten sie sich daran. Aber in diesem Alter gibt es noch so viele Menschen und Formen der Liebe zu entdecken. Das gefährdet die Treue und führt dazu, dass Beziehungen wieder auseinandergehen. Es ist also völlig normal, wenn dir das auch passiert und du deinen gerade noch Angebeteten wieder loswerden möchtest.

Wenn du schon einen neuen Freund hast, wird es dir leichter fallen, dich von deinem alten Freund zu trennen. Du fängst an, beide miteinander zu vergleichen. Es kann sein, dass du deinen bisherigen Freund vor dir selbst und anderen nun schlechtmachst. Damit versuchst du wahrscheinlich schon, dir einen besseren Abgang zu verschaffen. Das ist zwar allgemein verbreitet, aber dennoch nicht die feine Art: Der Junge, mit dem du bislang zusammen warst, ist wahrscheinlich nicht schlechter als der, den du jetzt gefunden hast. Du hast nur bemerkt, dass ihr vielleicht doch nicht so gut zusammenpasst. Dann ist auch er bei einem anderen Mädchen ganz bestimmt besser aufgehoben.

Hast du noch keinen neuen Freund gefunden, sondern nur kein Interesse mehr, mit deinem jetzigen zusammen zu sein, wird dir das Schlussmachen wahrscheinlich schwerer fallen. In jedem Fall solltest du versuchen, dir einen sauberen Abgang zu verschaffen. Stell dir vor, was für dich selbst am schlimmsten wäre, wenn du in seiner Situation wärst. Tu ihm genau das nicht an. Sei so offen und ehrlich wie möglich, versuche jedoch, sein Selbstwertgefühl nicht zu verletzen. Wenn du das Gefühl hast, du schaffst es nicht, ehrlich zu sein, kannst du ruhig einmal zu einer Notlüge greifen – etwa, indem du ihm sagst, du wolltest dich in nächster Zeit auf die Schule konzentrieren, du hättest jemanden im Internet kennengelernt oder einen großartigen Freund gefunden, mit dem du regelmäßig mailst.

Natürlich musst du sehen, dass du heil, gesund und so schnell wie möglich aus dieser Sache herauskommst. Doch tu ihm nicht unnötig weh, beispielsweise indem du ihm sagst, er hätte einen unerträglichen Mundgeruch und superhässliche Füße, sei ein lausiger Liebhaber oder ein unglaubliches Weichei. Du willst ja auch nicht mit den Worten abserviert werden, du hättest einen Hintern wie ein Brauereipferd, einen IQ wie ein Toastbrot oder würdest küssen wie eine deutsche Dogge.

Absturz in ein tiefschwarzes Loch

Natürlich bleibst auch du nicht von Liebeskummer verschont. Damit taucht die immer wiederkehrende Frage
auf: Wie ewig ist ewige Liebe? Ganz sicher hast du dir
diese Frage auch schon einmal
gestellt. Die Antwort
ist leider: Manch-
mal kann die
Ewigkeit
sehr kurz
sein. Zu
kurz.
Erst ist
es eine
Liebe,
von
der du
wahr-
scheinlich
geglaubt
hast, sie sei
für immer und
ewig. Ein rosarotes
Leben. Dann kommt der
Absturz. Er will nicht mehr. Oder
ihr könnt beide nicht mehr. Das Liebes-Aus. Liebes-
Elend. Liebeskummer. Und du stürzt plötzlich in ein tief-
schwarzes Loch. Da sitzt du nun und alles in dir schreit:
Holt mich hier raus!

Wie soll es nun weitergehen? Wird es überhaupt weitergehen? Wird der Pfeil, der in deinem Herzen sitzt, dich
umbringen? Oder bringt er dich nur um den Verstand?

Liebeskummer fühlt sich an wie eine tödliche Verletzung. Man stirbt daran. Fürs Erste jedenfalls.

Liebeskummer ist eine Form von Rinderwahnsinn. Er ist ein Wahnsinn, der auch andere nervt. Eine endlose Qual für deine Freundinnen, weil du ihnen wieder und wieder erzählst, was er getan hat, was er gesagt hat. Du fragst sie alle zehn Minuten: »Was hat er gemeint? Hat er sich nicht nur undeutlich ausgedrückt? Habe ich ihn nicht doch falsch verstanden? Er kann es doch nicht wirklich so gemeint haben! Es muss ihm vielleicht nur jemand sagen, dass er sich gar nicht wirklich von mir trennen will!«

Überall siehst du ihn, riechst ihn, hörst eure Musik. Möchtest ihn anfassen, von ihm gestreichelt werden. Endlich soll er sagen, dass er dich liebt. Auf immer und ewig natürlich. Du willst ihn anrufen, ihm E-Mails oder sogar Briefe schreiben. Dein Gehirn martert dich: »Was habe ich bloß falsch gemacht? Bin ich zu dick? Zu unattraktiv? Zu dumm?« Und wenn er eine andere hat: »Was findet er bloß an der? Ob sie jetzt bei ihm ist? Natürlich reden sie über mich und machen sich gemeinsam über mich lustig. Wahrscheinlich küssen sie sich gerade. Und sie tut Dinge für ihn, die ich nie wollte. Ich bin schuld und hab alles vermasselt.«

Du drehst dich ständig im Kreis, in den Pirouetten deines Liebeskummers. Doch eines Morgens wirst du erwachen und bemerken: Der Schmerz ist nicht weg. Aber er ist deutlich weniger geworden. Du wirst den Liebeskummer überleben. Ja, wirklich.

Hier sollte dein Frühwarnsystem klingeln!

Daran merkst du, wenn mit ihm etwas nicht stimmt:

- ⭐ Er hat selten Zeit für dich.

- ⭐ Er geht dir aus dem Weg.

- ⭐ Ihr habt ständig Streit miteinander.

- ⭐ Er redet sich oft heraus.

- ⭐ Er redet kaum noch mit dir.

- ⭐ Er macht sich in überheblicher Weise lustig über dich.

- ⭐ Er will nichts mehr mit dir unternehmen.

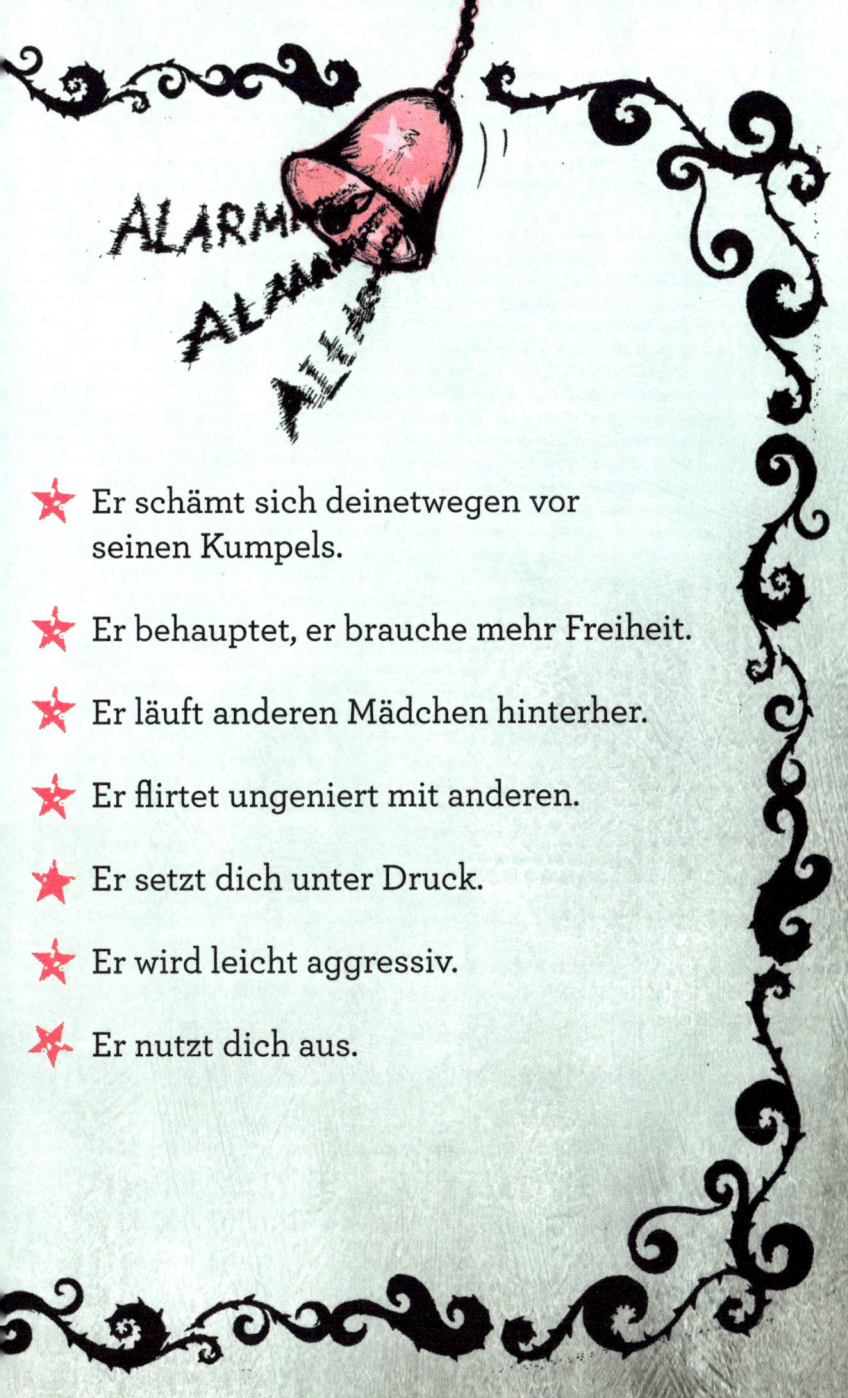

ALARM
ALARM
ALARM

⭐ Er schämt sich deinetwegen vor seinen Kumpels.

⭐ Er behauptet, er brauche mehr Freiheit.

⭐ Er läuft anderen Mädchen hinterher.

⭐ Er flirtet ungeniert mit anderen.

⭐ Er setzt dich unter Druck.

⭐ Er wird leicht aggressiv.

⭐ Er nutzt dich aus.

Liebeskummer hoch drei

Nur ganz, ganz selten hält die erste Liebe für immer und ein Leben lang. Damit ist der Liebeskummer natürlich vorprogrammiert. Sehnsucht und Enttäuschung werfen dich aus der Bahn und erschüttern dein komplettes Leben. Die Erkenntnis, dass Herzschmerz mehr wehtun kann als so manches körperliche Leiden, überfällt uns völlig überraschend und unerwartet. Und beim ersten Mal sowieso. Aber bei dem einen Mal bleibt es ja nicht. Es tut immer wieder aufs Neue so unfassbar weh. Auch wenn du schon einmal oder auch öfter Liebeskummer hattest, wird dich der Schmerz aufs Neue erschüttern. Doch der erste Liebeskummer ist immer der schlimmste, denn du hast ja noch keinerlei Erfahrung damit gemacht. Beim ersten Mal weißt du noch nicht, dass man an Liebeskummer und gebrochenem Herzen nicht stirbt und das Leben hinterher tatsächlich weitergeht, so unglaublich das auch klingt.

Sicher ist: Wenn deine Liebe zerbricht, verändert sich der ganze Hormoncocktail in deinem Körper und damit auch deine Gefühle. Der Austausch unter den Botenstoffen in deinem Gehirn funktioniert nicht mehr. Das ist die Geburtsstunde deines Liebeskummers. Die Symptome sind vergleichbar mit Entzugserscheinungen nach Drogenmissbrauch. Und die sind ja wirklich schlimm genug.

Der Liebeskummer erfasst deinen ganzen Körper. »Mein ALLES tut weh!«, hat einmal ein liebeskrankes Mädchen gesagt. Der Schmerz brennt im Hirn und in den Muskeln. Er rast durch deine Adern, lässt dich zittern und beben. Er löst in dir den unbändigen Wunsch aus, zu schreien, zu weinen, mit Gläsern zu werfen, die Wände einzutreten und aus der Welt gänzlich zu verschwinden. Du glaubst, den Jungen, der dich gerade verlassen, getreten, verletzt und betrogen hat, mehr zu lieben als alles andere auf der Welt.

Doch es hilft nichts. Ende der Durchsage. Er ist weg. Er will nicht mehr. Kummer um eine zerbrochene Liebe oder auch eine nicht erfüllte Hoffnung erschüttert einen Menschen manchmal sogar in seinen Lebensgrundfesten.

Liebeskummer ist eine gerechte Sache: Jeder bekommt ihn. Niemand bleibt im Leben von der Wucht dieser Gefühle verschont – egal, ob Junge oder Mädchen, Jung oder Alt, Arm oder Reich. Da kannst du ganz sicher sein. Und wenn doch, dann ist es ein armer Wicht. Denn dann durfte er ja auch die Liebe nicht kennenlernen.

In welcher Form es dich erwischt, hängt unter anderem von deiner Persönlichkeit, von der Intensität deines

Liebesgefühls ab sowie von den Umständen, unter
denen du verlassen wurdest. Mal ist der Schmerz kaum
zu ertragen, manchmal ist es auch leichter. Manche
Menschen nehmen es sich sehr zu Herzen, bei anderen
vergeht der Kummer schneller. Der Absturz ist umso
heftiger, je unverletzlicher du dich in deiner Liebesbeziehung vorher gefühlt hast.

Besonders groß sind die Kränkung und der Schmerz
natürlich, wenn du wegen einer anderen verlassen
wurdest. Womöglich handelt es sich dabei noch um eine
enge Freundin oder deine größte Feindin. Das ist dann
natürlich ganz besonders schlimm und nagt schrecklich
an deinem Selbstwertgefühl. Leere, Verzweiflung, durch-
heulte Nächte, das Gefühl der Sinnlosigkeit, verletzter
Stolz, Angst davor, sich
lächerlich zu machen,
Selbsthass – all dies
gibt es bei Liebeskum-
mer gratis dazu.

> **Songs to dream**
> Bruno Mars: The Lazy Song
> Jason Mraz: I'm Yours
> Juli: Unendlich
> Rihanna: Unfaithful

Im Normalfall wer-
den Schmerz und
Trauer um die verlorene
Liebe irgendwann vorüber sein.
Alle, die gerade keinen Liebeskummer
haben, nicken nur weise mit dem Kopf und
meinen: »Ja, ja, die Zeit heilt alle Wunden!«
Ist zwar in diesem Moment ein ziemlich blöder
Spruch – aber sie tut es wirklich. Echt.
Bis zum nächsten Mal …

Deine kreative Entliebungsphase kann beginnen

Essen, trinken, schlafen, mit der Familie einen normalen Alltag hinkriegen, Schularbeiten machen, zur Schule gehen – das alles ist zwar momentan noch eine Qual für dich. Dennoch entfaltest du nun ungeahnte schöpferische Kräfte. Möglicherweise willst du etwas Neues lernen und entdeckst ganz ungewohnte Seiten an dir.

Damit befindest du dich in bester Gesellschaft. Viele große Werke haben wir Liebeskummerkranken zu verdanken. Die schönsten und erfolgreichsten Lieder handeln von Liebeskummer! In deiner Kreativität kannst du dich richtig austoben. Du kannst deine verwundeten Liebesgefühle herauslassen und auch deine Wut verarbeiten.

Nach dieser kreativen Zeit wirst du besser als je zuvor wissen, wer du bist. Wirklich verheilen kann die Liebeskummerwunde, wenn es für dich einigermaßen nachvollziehbar erscheint, dass es so kommen musste. Wenn es dir gelingt, den Wollknäuel deiner verwirrten Gefühle wieder zu entwirren und zu ordnen. Wenn du deiner Umwelt einigermaßen normal erklären kannst, was passiert ist, ohne dabei immer noch jedes Mal auszurasten. Und dass es für diese Beziehung wirklich keine Zukunft gab. Sobald dir dein momentanes Leid als sinnvoll erscheint und – um es mal ganz unromantisch zu sagen – als Lernprozess, erscheint dir auch eine Zukunft ohne ihn sinnvoll. Dein Selbstbewusstsein kommt allmählich wieder auf die Beine. Nun möchtest du langsam auch wieder dein Schneckenhaus verlassen, dich dem Leben und anderen Jungen zuwenden.

Das Liebeskarussell dreht sich weiter

Irgendwann wirst du mit Erstaunen feststellen, dass sich die Welt trotz deines Wahnsinnsschmerzes weiterdreht. Du wirst merken, dass du ein gutes Stück reifer geworden bist. Das Erstaunliche daran: Es wird dich mit Stolz erfüllen! Und zwar zu Recht. Denn du bist für eine Weile von der Sonnenseite des Lebens in den Schatten gerutscht und hast dich aus eigener Kraft wieder zum Licht bewegt.

Jedes Mädchen, jeder Mensch bekommt im Leben seinen Anteil an Rückschlägen – die eine früher, der andere später. Dem kannst du ebenso wenig entkommen wie jeder andere. Deswegen gräm dich nicht unnötig wegen deiner verflossenen Liebe. Denn erstens kannst du das Geschehen nicht aufhalten. Zweitens wird es dich am Ende bereichern, weil es aus dir einen Menschen mit Profil, mit Ecken und Kanten macht.

Wenn du aus dem Tal des Liebeskummers wieder auftauchst, wird die Welt viel schöner sein als vorher. Du wirst die Wärme der Sonne stärker spüren und das Licht mehr genießen. Du wirst die intensive Dankbarkeit kennenlernen, die sich einstellt, wenn der Schmerz nachlässt.

Wenn du am wenigsten damit rechnest, wird dein Liebeskarussell seine Fahrt wieder aufnehmen. Und es wird etwas passieren, was du dir jetzt noch nicht vorstellen kannst: Du wirst wieder einen süßen Jungen sehen und den ersten Anflug der Schmetterlinge in deinem Bauch fühlen. Dieser junge Mann wird noch viel, viel schnuckeliger sein als der, um den du jetzt deine Tränen vergießt. Dieser Traumtyp ist das Ziel, auf das du schon jetzt zusteuerst! Auf geht's!

GET-OVER-IT-SONGS

- Cher: Strong Enough
- Avril Lavigne: Don't Tell Me
- Kelly Clarkson: Since U Been Gone
- Anastasia: Sick & Tired
- Christina Aguilera: Tough Lover

SOS

Die 10 Regeln bei Liebeskummer

 Gönn dir deine persönliche Trauerzeit!

 Weine dir deinen Kummer von der Seele!

 Hab Geduld mit dir!

 Verwöhn dich selbst!

 Gib dir nicht die Schuld, ihm und seiner Neuen aber auch nicht – damit verschwendest du nur deine Zeit! Es ist, wie es ist!

 Sprich nur mit deinen Vertrauenspersonen ganz offen!

 Schreib alles auf, was dich bewegt – aber nur für dich!

 Lenk dich ab, so gut du kannst!

 Lass dich auf keinen Neuen ein, solange dein Herz noch nicht geheilt ist!

 Mach es dir schön und freu dich auf deine Zukunft! Denn die wird toll!

Deine Seele braucht Zeit

Wie lange der Liebeskummer dauert, ist von Fall zu Fall verschieden. Das hängt nicht nur von deiner Persönlichkeit und deinen Gefühlen ab, sondern auch davon, wie lange ihr zusammen wart. Eine alte Faustregel sagt: Bis du wieder richtig die Alte – oder besser: die Neue – bist, dauert es halb so lang, wie eure Beziehung gedauert hat. Ist es also ein halbes Jahr her, dass ihr zusammenfandet, wirst du nach etwa drei Monaten wieder munter sein. Dennoch wird deine Seele sich unabhängig davon die Zeit nehmen, die sie braucht, um wieder heil zu werden. Das ist völlig in Ordnung so.

Liebeskummer ist zwar wie eine Art Masern, denn jeder bekommt sie irgendwann einmal im Leben. Doch im Gegensatz zu der Kinderkrankheit wirst du leider niemals gegen Liebeskummer immun werden können. Aber eines weißt du hinterher immerhin – dass du auch schwierige Zeiten und starke seelische Schmerzen überstehen kannst.

Wegträumbad
gegen Liebeskummer

Du brauchst 50 g
Rosenblätter, 20 g Pfefferminz-
blätter, 3 Tropfen Rosen-
oder Rosengeraniumöl sowie
2 Esslöffel Bienenhonig.
Die getrockneten Pflanzenteile gibst du in
ein Säckchen und bindest dieses zu. In der
Badewanne übergießt du dieses Säckchen
nun mit etwas kochendem Wasser, sodass es bedeckt ist. Lass dies etwas ziehen,
bevor du dein Badewasser einlaufen lässt. In
der Zwischenzeit verrührst du das Öl mit
dem Honig und gibst es in das Wasser.
Drück das Säckchen während des Badens
ab und zu aus. Diese Bademischung
lässt dich abheben und deinen
Träumen nachhängen.

Nach einer durchheulten Nacht helfen dir diese Rezepte:

⭐ Deponiere abends zwei Kaffeelöffel im Kühlschrank. Drück dir morgens jeweils einen eiskalten Löffel auf die Augenlider.

⭐ Mach dir etwas Wasser heiß und lass zwei Teebeutel mit schwarzem Tee darin zwei Minuten ziehen. Wenn die Beutel abgekühlt sind, legst du sie dir auf die Augenlider.

⭐ Beim Schminken solltest du kein Make-up auf die geschwollenen Stellen geben, denn dadurch werden sie erst recht betont. Benutze auch keinen hellen Lidschatten, das hebt sie ebenfalls optisch hervor. Tusche nur deine Wimpern und benutze eventuell einen Kajalstift.

⭐ Noch ein Tipp: Betone deinen Mund mit einer kräftigen Farbe oder Lipgloss, das lenkt von den geschwollenen Augen ab.

Tipps gegen Liebeskummer-Durchhänger

Liebeskummer ist wie Schnupfen: Man bekommt ihn immer wieder. Das ist einerseits furchtbar, andererseits gibt es deshalb eine Menge bewährter Hausmittel gegen diesen Herzschmerz:

Total cool: Kalte Duschen! So duschst du die schlechte Stimmung weg: Lauwarm anfangen, mit einem schön duftenden Duschgel einseifen, abspülen. Dabei darf das Wasser richtig warm sein. Nun folgen die Wechselduschen, vom linken Fuß beginnend den Körper kalt abbrausen, immer zum gebrochenen Herzen hin. Dann wieder warm duschen, dreimal wechseln und mit einer kalten Dusche aufhören. Danach schön eincremen.

Abtanzen! Stell deine Lieblingsmusik ein und tanze nach Herzenslust dazu. Nimm dir ein imaginäres Mikro und sing dir den ganzen Frust aus dem Leib. Du bist der Superstar, den alle suchen!

Bewegung, Bewegung! Geh laufen, schwimmen oder fahr mit dem Rad. Das aber mindestens eine halbe Stunde lang. Dann beglückt dich dein Körper mit seinen eigenen Glückshormonen, die dich wieder in Stimmung bringen.

Großes Kino! Veranstalte mit deinen Freundinnen einen DVD-Marathon. Besorgt euch Horrorfilme, tolle Komödien, Soaps oder Kultfilme und guckt gemeinsam, bis der Arzt kommt. Absolut verboten sind allerdings Kitsch- und Liebesfilme. Die solltest du dir nicht antun, solange dein Herz schmerzt. Denn das tut dir nur

weh und reißt Wunden wieder auf, die doch möglichst schnell verheilen sollen. Ansonsten ist alles erlaubt, was dich ablenkt.

Belohn dich! Leere dein Sparschwein ein wenig und kauf dir zur Belohnung für deinen Seelenschmerz eine Kleinigkeit, die du dir schon länger wünschst – eine schöne Creme, ein T-Shirt, eine CD oder ein kleines Schmuckstück. Einfach, weil du es dir wert bist – und du dich jetzt mal richtig verwöhnen willst.

Ordnung ist das halbe Leben! Entrümple dein Zimmer, schaff dir eine neue Ordnung. Leg endlich ein Fotoalbum an und ordne deine Bilder. Dabei kannst du so schön ins Träumen kommen. Entsorge alles, was dich an ihn erinnert. Weg damit, du brauchst es nicht mehr.

Frust wegschreiben! Schreib in dein Tagebuch, warum du dich mies fühlst. Liste seine guten und seine negativen Eigenschaften auf. »Er ist soooo süß« reicht nicht, es darf schon etwas genauer sein. Überleg dir, ob das wirklich alles stimmt.

149

Lesen und lachen! Lies einen lustigen Roman, deinen Lieblingscomic oder auch ruhig mal wieder ein olles Witzebuch. Lachen ist heilsam für dich, denn es baut Spannungen ab. Es sorgt dafür, dass in deinem Körper hormonelle Fröhlichmacher ausgeschüttet werden. Außerdem vermeidest du damit Falten und dass deine Umwelt in dein miesepetriges Gesicht gucken muss.

Hitmix! Stell dir deine Lieblingsmusik neu zusammen. Vermeide dabei alle Lieder, die du mit ihm zusammen gehört hast. Was gibt es Neues für dein Ohr?

Die Natur spüren! Leg dich nach draußen in den Garten, leg dich auf eine Wiese, ans Meer oder einen See, setz dich auf eine Bank im Park oder geh im Schnee spazieren. Schau den fliegenden Wolken nach, betrachte ihre sich sanft verändernde Form. Lass ihre wohltuenden Farben auf dein Auge wirken. Schicke deine Gedanken auf Weltreise. Auch Dünenlandschaften, Meereswogen, Blumenwiesen und alles, was von Natur aus leicht bewegt erscheint, überträgt bei längerem Hinsehen die leisen Wellenbewegungen auf dein Gehirn. Dabei gerät deine geschundene Seele in angenehme Schwingungen.

Beauty-Tag mit deinen Freundinnen! Geht erst eine Stunde raus an die frische Luft oder treibt Sport. Danach könntet ihr euch erfrischende Gesichtsmasken

anrühren und auflegen, dabei tolle Musik hören, Tee
trinken und natürlich quatschen bis zum Abwinken.

Neuer Stil! Denk über ein neues Styling nach. Eine
neue Frisur, einen anderen Nagellack, einen neuen Lippenstift. Mach eine Modenschau mit deinen Klamotten
vor dem Spiegel und denk dir neue Kombinationen aus.
Was kannst du ändern?

Mottoparty! Lade deine Freundinnen zum Mondfest
oder zur orientalischen Teeparty ein. Dafür kannst du
dein Zimmer toll herrichten, es mit Räucherstäbchen
total zuräuchern und verrückte Tees kochen, die eine
Wahnsinnsstimmung verbreiten. Du kannst aber auch
mit dir alleine feiern.

Ablenkungsbasteleien! Bastle schon vorsorglich
lustige Geschenke für die nächsten Geburtstage deiner
Freundinnen. Das lenkt dich schön ab.

Spaghetti, Spaghetti! Versuch es doch mal mit dem italienischen Rezept gegen Liebeskummer: Koch dir eine therapeutische Portion Spaghetti mit deiner Lieblingssauce. Spaghetti sind Nervennahrung. Und keine Angst: Dass Spaghetti dick machen, ist nur ein dummes Gerücht.

Entspannendes Schwitzen! Geh in die Sauna oder ein Dampfbad. Die meisten größeren Bäder verfügen heute über solche wunderbaren Einrichtungen. Hier kannst du das ganze Liebesgift über die Haut ausschwitzen. Das entspannt und macht obendrein eine schöne Haut.

Ferienstimmung! Plane deinen nächsten Urlaub. Wohin soll die Reise gehen? Mit wem willst du losziehen (nein, nicht mit ihm …)? Darfst du vielleicht mit einer Jugendgruppe wegfahren? Was gibt es vorzubereiten? Wenn du mit deinen Eltern reist, überlege, welches Reiseziel du ihnen vorschlagen könntest.

Kultur gegen Kummer! Guck dir einen tollen Film an oder geh mal wieder ins Theater. Besorg dir Konzertkarten oder geh zu einer Autorenlesung. Wenn du ein Instrument spielst, musiziere, was das Zeug hält. Du spielst kein Instrument? Dann lern es …

Tagträumereien! Geh früh ins Bett und hänge deinen Träumen nach. Mal dir einen wunderbaren Tag aus, an dem du bei allen und allem die Hauptrolle spielst. Auf welcher Bühne willst du die Prinzessin oder der Superstar sein? Und welcher süße Junge soll an der Seite dieses unumstrittenen Stars stehen und ihn bewundern (nein, nein, nicht er …)?

Der König ist tot! Es lebe der König! Und vor allem die Königin!

I AM NOTHING
WITHOUT MY
Friends

Forever yours: Freunde
Doppelter Spaß, halber Kummer

Das Leben ist viel schöner, wenn du liebe Freunde hast. Du bist nie allein, kannst mit ihnen durch dick und dünn gehen, den Fun verdoppeln und deinen Kummer halbieren.

Manchem Menschen bedeuten Freunde heute mehr als seine Familie. Denn die Familien werden immer kleiner. Oft leben die einzelnen Mitglieder sehr weit voneinander weg, sodass sie gar nicht mehr viel miteinander machen können. Auf jeden Fall werden in deinem Alter die Freunde allmählich immer wichtiger als deine Familie. Es gibt Zeiten, in denen die Zustimmung und Zuwendung einer guten Freundin oder eines guten Freundes für dich bedeutsamer sein wird als die deiner Eltern. Das ist ein Zeichen dafür, dass du dich allmählich von ihnen abnabelst.

Freundschaft ist etwas ganz Besonderes. Denn wir können uns unsere Freunde aussuchen – im Gegensatz zu unserer Familie. Echte Freunde werden letztendlich nur eine Handvoll Menschen in deinem Leben. Denn wir legen bei ihnen ganz besondere Maßstäbe an. Sie sollen uns bei allen Sorgen und Nöten, aber auch bei Freude und Stolz rund um die Uhr ohne Wenn und Aber zur Seite stehen. Wenn du eine gute Freundin oder einen wahren Freund hast, bist du nie allein. Das ist in vielen Lebenslagen mehr wert als eine tolle Liebesbeziehung.

Freundschaft ist etwas, das dich wärmt, wenn es um dich kühl ist. Jedenfalls fühlt es sich so an. Das Gefühl

von Freundschaft kann man aber an sich kaum erklären. »Wer die Freundschaft aus dem Leben streicht, nimmt die Sonne aus der Welt«, beschreibt es der römische Philosoph Cicero treffend. Sein griechischer »Kollege« Aristoteles glaubte, dass niemand ohne Freunde leben könne, selbst wenn er Geld – und was man sich sonst noch so wünscht – ohne Ende hätte.

Nun gibt es unterschiedliche Arten von Freundschaften. Feste und weniger feste Freundschaften, echte Freundschaften und Zweckgemeinschaften, viele, viele oberflächliche Bekanntschaften und jede Menge falsche Freunde. Die wirkliche Freundschaft ist vor allem durch mehr oder weniger bedingungslose Sympathie für den anderen geprägt. Und zwar auf beiden Seiten. Es ist im Idealfall ein ausgewogenes Geben und Nehmen. Meist ähneln sich die befreundeten Menschen sehr. Bist du ein Mathegenie, wird die Sportskanone aus deiner Klasse wahrscheinlich nicht deine beste Freundin werden. Wenn du eher flippig bist, wirst du sicher mit einer Öko-Aktivistin nicht viele Gemeinsamkeiten teilen. Und umgekehrt. Allerdings gibt es auch Ausnahmen, von denen der Volksmund sagt: »Gegensätze ziehen sich an!«

Allerdings stehen gute Freunde nicht automatisch bei dir auf der Matte, nur weil du so ein hübsches Näschen hast oder dergleichen. Freundschaft ist Glückssache, aber nicht nur. An dieser Schraube kannst du gehörig drehen. Freunde musst du gewinnen, Freundschaft musst du dir erarbeiten und sie regelmäßig pflegen. Selten bekommst du sie auf Anhieb geschenkt. Freundschaften wandeln sich zudem ständig. Du wirst sie und deine Einstellung dazu immer wieder überprüfen. Manchmal geht dieser Freundschafts-Check negativ aus. Dann heißt es Abschied nehmen. Das kann ziemlich weh tun.

Wenn du offen bist für andere Menschen, wirst du aber die Freundinnen und Freunde finden, die dein Leben bereichern. Die dir Halt und Stütze geben. Freunde sind Gärten, in denen man sich ausruhen kann, hat ein französischer Dichter gesagt. Sie sind immer da. Sie verschwinden nicht. Und wenn du sie brauchst, kannst du darin eintauchen. Ein beruhigender Gedanke, findest du nicht?

Echte Freundschaft ist selten

Dein Bekanntenkreis ist wahrscheinlich jetzt schon riesig. Facebook, SchülerVZ, Chatten, Simsen, Mailen und Telefonieren machen es möglich, dass du auch über weitere Entfernungen hinweg mit vielen anderen Menschen befreundet sein kannst. Viele davon kennst du wahrscheinlich nicht persönlich. Das ist aber nicht ganz ohne, denn da wimmelt es von eingebildeten, aber auch von falschen Freunden. Wie sieht es bei dir aus: Sind es alles echte Freunde, die deinen Bekanntenkreis bevölkern?

Wie viele Freunde braucht der Mensch überhaupt, um wirklich glücklich zu sein? Es gibt keine Faustregel, wie viele Freunde du mit an Bord deines Lebensschiffes nehmen solltest. Sicher ist: Du brauchst mindestens eine wirklich gute Freundin, um wohlbehalten durch Berg und Tal zu kommen. Die meisten Menschen haben am Ende nur wenig echte und verlässliche Freunde. Mehr als vier sind es selten. Denn es gibt nicht so viele, die wirklich zu dir passen. Dafür gibt es aber einige, die es nicht wert sind, deine Freunde zu sein, weil sie sich in der Not als Aufschneider entpuppen. Sie verdrücken sich, wenn sie wirklich gebraucht werden. Und so etwas brauchst du wiederum nicht.

Ein besonderes Exemplar: Deine beste Freundin

Wenn deine beste Freundin bei dir ist, macht alles viel mehr Spaß. Die Chemie zwischen euch stimmt einfach. Mit deiner Freundin sprichst du einfach ganz anders als mit anderen Menschen. Du erzählst gerne von dir selbst und hast auch keine Scheu, etwas Persönliches von dir mitzuteilen oder Geheimnisse zu enthüllen. Genauso interessiert dich alles, was deine Freundin beschäftigt. »Der beste Weg, einen Freund zu haben, ist der, selbst einer zu sein«, hat ein amerikanischer Autor einmal gesagt. Das bedeutet: Wenn du selbst eine gute Freundin bist, wirst du auch eher echte Freundschaften gewinnen.

Die beste Freundin spielt meist eine große Rolle im Leben von Mädchen. Gute Freundinnen sind kostbar. Sie sind engste Vertraute und wichtigste Stütze in allen Lebens- und Liebesfragen. Die Freundschaften, die du in der Jugend schließt, halten nicht selten ein Leben lang. Sie können dir große Sicherheit bieten und durch manche Untiefen des

Erwachsenwerdens hindurch helfen. Mädchen legen
bei ihren Beziehungen zu anderen Mädchen viel Wert
auf Achtsamkeit, Verlässlichkeit, Zärtlichkeit, Freude
und Solidarität. Da werden Geheimnisse preisgegeben,
Ängste zur Sprache gebracht, männliche Wesen nächte-
lang angebetet oder beschimpft, Tränen getrocknet und
Zukunftspläne geschmiedet. Schmerzliche Verluste bei
Trennungen, schwierige Entscheidungen, die Scheidung
der Eltern, Probleme mit der Familie oder dem Freund
werden gemeinsam
einfach besser be-
wältigt.

> Meine beste Freundin ist der wichtigste
> Mensch für mich. Ich kann ihr von all
> meinen Problemen und Ängsten erzählen.
> Sie weiß immer eine gute Lösung.
> Tamara, 15

Bei der besten
Freundin kannst
du dich geben, wie
du bist. Du musst
dich nicht verstel-
len. Kritik wird offen aus-
gesprochen, Konflikte werden ausgetragen.
Freundinnen wachsen miteinander und aneinander. Die eine gönnt der anderen das, was sie
selbst nicht hat. Auch wenn sie einmal zurücktre-
ten muss, etwa wenn die Freundin eine Liebe erlebt,
bei der sie für eine Weile nicht mehr gefragt ist. Es
tut gut, Ärger loswerden zu können, ohne gleich um
die Freundschaft fürchten zu müssen. Menschen,
die Konflikte miteinander austragen und sich
wieder versöhnen können, stehen sich oft
allein dadurch sehr nahe.

Kleine Zicken-Typologie

DIE AUSNUTZERIN:

Sie weiß immer ganz genau, was es bei dir zu holen gibt: Kennst du die richtigen Leute, hast du schicke Klamotten, die neueste Musik auf deinem MP3-Player, tollere Kosmetik, etwas mehr Geld in der Tasche ... sie leiht sich alles liebend gern von dir (und wahrscheinlich siehst du die Sachen nie wieder ...). Doch soll sie mal die Kinokarten oder die Cola in der Disco löhnen, behauptet sie sicherlich, sie hätte blöderweise ihren Geldbeutel vergessen. Hier hilft nur eines: Möglichst schnell die Notbremse ziehen.

DIE HEULSUSE:

Die meisten ihrer Geschichten kennst du wahrscheinlich in- und auswendig und hängen dir schon zum Hals raus, weil sie sie wieder und wieder in dein Ohr trompetet. Meist triefen sie nur so vor Selbstmitleid. Gibst du ihr Ratschläge, ist es nachher deine Schuld, wenn sie nicht klappen. Erzählst du etwas von dir, benutzt sie das nur als Stichwort für ihr eigenes Lamento. Fazit: Schnell weg mit diesem Stimmungskiller, bevor er deine gute Stimmung raubt. Du bist nicht hauptberuflich von der Caritas!

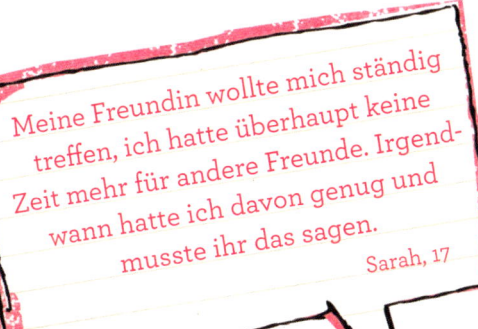

DIE KLEBRIGE:

Sie klebt an dir wie ein Kaugummi. »Toll, dass ich dich habe!«, erklärt sie dir unablässig. Sie fällt dir ständig mit Liebeserklärungen um den Hals. Obwohl dir ihre Gefühlsduselei auf die Nerven geht, fühlst du dich anfangs auch ganz schön geschmeichelt. Doch zu viel Nähe und zu viel Intimität sind überaus anstrengend und du hast nicht wirklich etwas davon. Dieser menschlichen Klette musst du die Uhrzeit ansagen, denn von allein merkt sie gar nichts.

DIE ERPRESSERIN:

Geht es nicht nach ihrer Nase, ist sie immer gleich stinkig und eingeschnappt. Sie bringt dich fast immer dazu, dich schlecht zu fühlen. Wenn du nicht so spurst, wie sie will, zeigt sie dir die kalte Schulter. Sie ist eine echt harte Nuss und völlig uninteressiert an deiner Person und deinem Wohlergehen. Dafür verschlingt sie deine Energien. Was hier hilft: Schlag sie mit ihren eigenen Waffen. Entzieh ihr deine Aufmerksamkeit und tu, was für dich wichtig ist. Zum Beispiel eine neue Freundin finden.

Hüte dich vor diesen drei häufigsten Freundschaftskillern:

VERRAT:

Vertrauen und Ehrlichkeit sind in einer Freundschaft unerlässlich. Sie sind der Boden, auf dem eine Freundschaft überhaupt erst wachsen kann. Wenn du deiner Freundin im Vertrauen etwas Intimes erzählt hast, das sie dann mit oder ohne Absicht an andere Leute weiterplaudert, empfindest du das nicht nur als Petzerei, sondern als Hochverrat. Zu Recht, denn dein Vertrauen wurde missbraucht. Das lässt sich nur schwer wieder kitten.

EGOISMUS:

Wer dich immer nur zutextet und ausschließlich um sich selber kreist, macht damit die Chancen für eine dauerhafte und stabile Freundschaft kaputt. Jedenfalls dann, wenn das zur Gewohnheit wird. Logischerweise gibt es Kummer- und Trauerphasen, in denen deine Freundin mildernde Umstände bekommt. Dann musst du ihr dein Ohr leihen und alles Verständnis der Welt für sie aufbringen. Doch wenn das einseitig bleibt und sie sich überhaupt nicht für deine Probleme interessiert, ist es keine echte Freundschaft.

Wenn deine Freundin hinter deinem Rücken mit deinen »Feinden« paktiert, schlecht über dich redet, sich nicht vor dich stellt, wenn andere dich angreifen, Dinge sagt oder tut, die schädlich für dich sind, sich nicht einkriegt, weil du irgendetwas hast, was sie nicht hat (deine guten Schulnoten, deine tollen Haare, deinen Freund), gibt es nur eines: Schluss damit. Denn dann wirst du nur ausgenutzt. Von solchen Kränkungen erholt man sich oft nur schwer, deswegen ist es besser, so schnell wie möglich die Reißleine zu ziehen, sobald du so etwas merkst. Umgekehrt gelten diese Regeln natürlich genauso ...

Freundschaften zwischen Mädchen und Jungen: Geht das überhaupt?

Zunächst musst du wissen, dass Jungen- und Mädchenfreundschaften grundsätzlich verschieden sind. Während Mädchen vor allem miteinander reden und diskutieren, leben Jungen ihre Freundschaft eher darin aus, dass sie viel gemeinsam unternehmen. Sie sind aktiver in ihren Freundschaften. Sport und Spiel verbinden sie ebenso wie später ihre Motorräder oder Autos. Daraus ziehen sie Vertrauen zueinander. Mädchen suchen mehr Nähe in ihren Freundschaften. Für Jungen kann es das höchste Zeichen der Freundschaft sein, mit dem Kumpel zusammen das Fahrrad zu reparieren. Das eine ist nicht mehr wert als das andere – nur anders eben.

Vereinfacht könnte man sagen: Jungen gehen »Seite an Seite« mit ihren Freunden durch das Leben, Mädchen sitzen sich »Auge in Auge« gegenüber, um von der anderen nichts zu verpassen. Dabei können beide Geschlechter nur voneinander profitieren. Mädchen, die viel mit Jungs unterwegs sind, sind später unabhängiger und entwickeln mehr Führungsqualitäten. Auch Jungen lernen von Mädchen: Taktgefühl, Sensibilität, Erkennen, was zwischen den Zeilen gesagt wird, oder Harmonie in der Gruppe herzustellen.

So sind Freundschaften zwischen dir und Jungen meist nicht ganz unkompliziert. Unterbewusst verhalten wir uns einem Angehörigen des anderen Geschlechts gegenüber immer anders als einer Person aus dem »eigenen Lager«. Einer liegt meistens auf der Lauer, weil er doch ein wenig verliebt ist und »Hintergedanken« hegt. Ganz oft ist dies der Junge. Für Jungen ist der Unterschied zwischen Freundschaft und Liebe der, dass sie mit der einen Frau ins Bett gehen, mit der anderen aber nicht – häufig aber nur, weil diese es nicht will. Mädchen sehen in der Freundschaft etwas ganz anderes. Sie legen Wert auf Nähe, Intimität, Austausch und Offenheit. Sex spielt in diesem Fall keine Rolle für sie.

Wenn das erotische Interesse nur auf einer Seite besteht, lässt sich der Junge schnell aus dem Tritt bringen. Dann fühlt er sich wahrscheinlich häufiger in seinen (wahren) Gefühlen von dir gekränkt, ohne dass du ihm absichtlich auf die Füße getreten bist. Vielleicht versteht er auch das eine oder andere Mal deine freundschaftlichen Zuneigungsbeweise falsch und hofft irrtümlich, du möchtest auch eine intimere Beziehung mit ihm eingehen. So eine Freundschaft ist nicht ausgewogen und deshalb sehr leicht brüchig. Das liegt in der Natur der Sache und spricht weder gegen den Jungen noch gegen dich. Wenn ihr andererseits der »romantischen Regung« erliegt, ist eure Freundschaft höchstwahrscheinlich ebenfalls kaputt. Doch jedem Anfang wohnt ja bekanntlich ein Zauber inne.

Bist du mit einem Jungen befreundet, mit dem du bereits etwas hattest, ist das Thema Erotik abgehakt, und ihr könnt unter Umständen einer dauerhaften Freundschaft entgegensehen. Grundsätzlich sind »platonische Freundschaften« möglich, wie die Psychologen »gemischtgeschlechtliche« Beziehungen nennen. Aber schwierig bleibt es dennoch.

Was kannst du tun, um Freunde zu finden?

Du suchst eine Freundin zum Pferdestehlen? Während du noch von ihr träumst, sitzt sie in der Schule womöglich schon hinter dir. Betrachte alle Mädchen, mit denen du in Kontakt stehst, in aller Ruhe. Könnten sie es wert sein, deine Freundin zu werden?

Oft liegt das Freundesglück nämlich ganz nahe. Dein engstes Lebensumfeld und deine Umgebung sind nach wie vor die allerbeste Freundeszentrale – das Internet dagegen weniger, denn da hast du es ja zunächst nicht mit echten, sondern mit virtuellen Menschen zu tun.

Freundschaft zu schließen, ist oft nicht ganz einfach. Das hängt von deiner Persönlichkeit, aber natürlich auch von deinen Möglichkeiten ab. Ein Patentrezept dafür gibt es leider nicht. Nur so viel: Du solltest dich für andere Menschen und das, was sie machen, interessieren. Geh offen mit ihnen um. Achte auf ihre Signale und versuche, einen Schritt auf sie zuzugehen. Warte nicht, bis andere die Initiative ergreifen. Dabei kannst

du dir auch Anlässe »basteln«, bei denen du mit ihnen in Kontakt kommen kannst.

Das gilt auch, wenn du schüchtern bist und dir nichts zutraust. Schüchterne denken immer, die anderen seien alle viel besser und toller als sie. Und so erscheint es für dich logisch, dass sie von dir nichts wissen wollen. Das ist natürlich Quatsch. Schüchternheit wird übrigens allgemein als viel angenehmer und charmanter empfunden als aufdringlich zur Schau getragenes Selbstbewusstsein. Also, keine falsche Bescheidenheit! Wenn du dich an jemanden nicht herantraust, vielleicht weil du glaubst, nicht schlagfertig genug zu sein, dann erfinde Situationen oder Anlässe, bei denen es dir leichter fällt. Muss ja nicht die berühmte Frage nach der Uhrzeit oder nach dem Feuer sein …

Natürlich riskierst du immer auch eine Enttäuschung, Ablehnung oder Abfuhr, wenn du aktiv wirst. Das tut weh. Vielleicht bekommst du heraus, woran es gelegen hat, dann kannst du es beim nächsten Mal anders machen. Warst du im Überschwang deiner Gefühle vielleicht zu aufdringlich? Schlechte Karten hat, wer sich anbiedert, andere Leute schlechtmacht, lästert, intrigant ist, Geheimnisse herausposaunt, Intimitäten ausplaudert oder ständig eingeschnappt ist. Tröste dich damit, dass noch keine Meisterin vom Himmel gefallen ist. Alles will erst gelernt sein, selbst Freundschaften schließen. Übrigens: Blickkontakt und ein offenes Lächeln sind immer noch die bewährtesten Mittel, andere Menschen kennenzulernen.

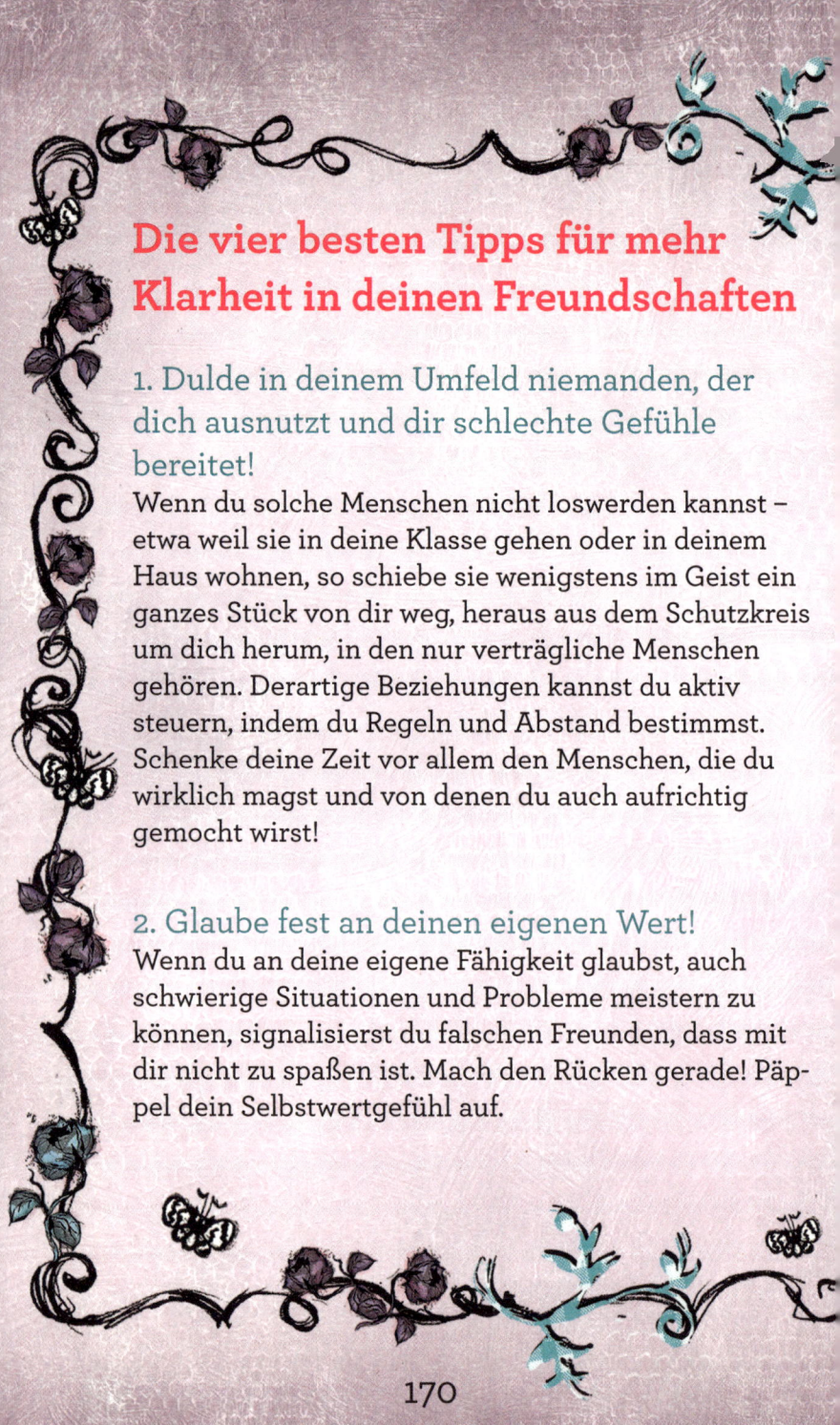

Die vier besten Tipps für mehr Klarheit in deinen Freundschaften

1. Dulde in deinem Umfeld niemanden, der dich ausnutzt und dir schlechte Gefühle bereitet!

Wenn du solche Menschen nicht loswerden kannst – etwa weil sie in deine Klasse gehen oder in deinem Haus wohnen, so schiebe sie wenigstens im Geist ein ganzes Stück von dir weg, heraus aus dem Schutzkreis um dich herum, in den nur verträgliche Menschen gehören. Derartige Beziehungen kannst du aktiv steuern, indem du Regeln und Abstand bestimmst. Schenke deine Zeit vor allem den Menschen, die du wirklich magst und von denen du auch aufrichtig gemocht wirst!

2. Glaube fest an deinen eigenen Wert!

Wenn du an deine eigene Fähigkeit glaubst, auch schwierige Situationen und Probleme meistern zu können, signalisierst du falschen Freunden, dass mit dir nicht zu spaßen ist. Mach den Rücken gerade! Päppel dein Selbstwertgefühl auf.

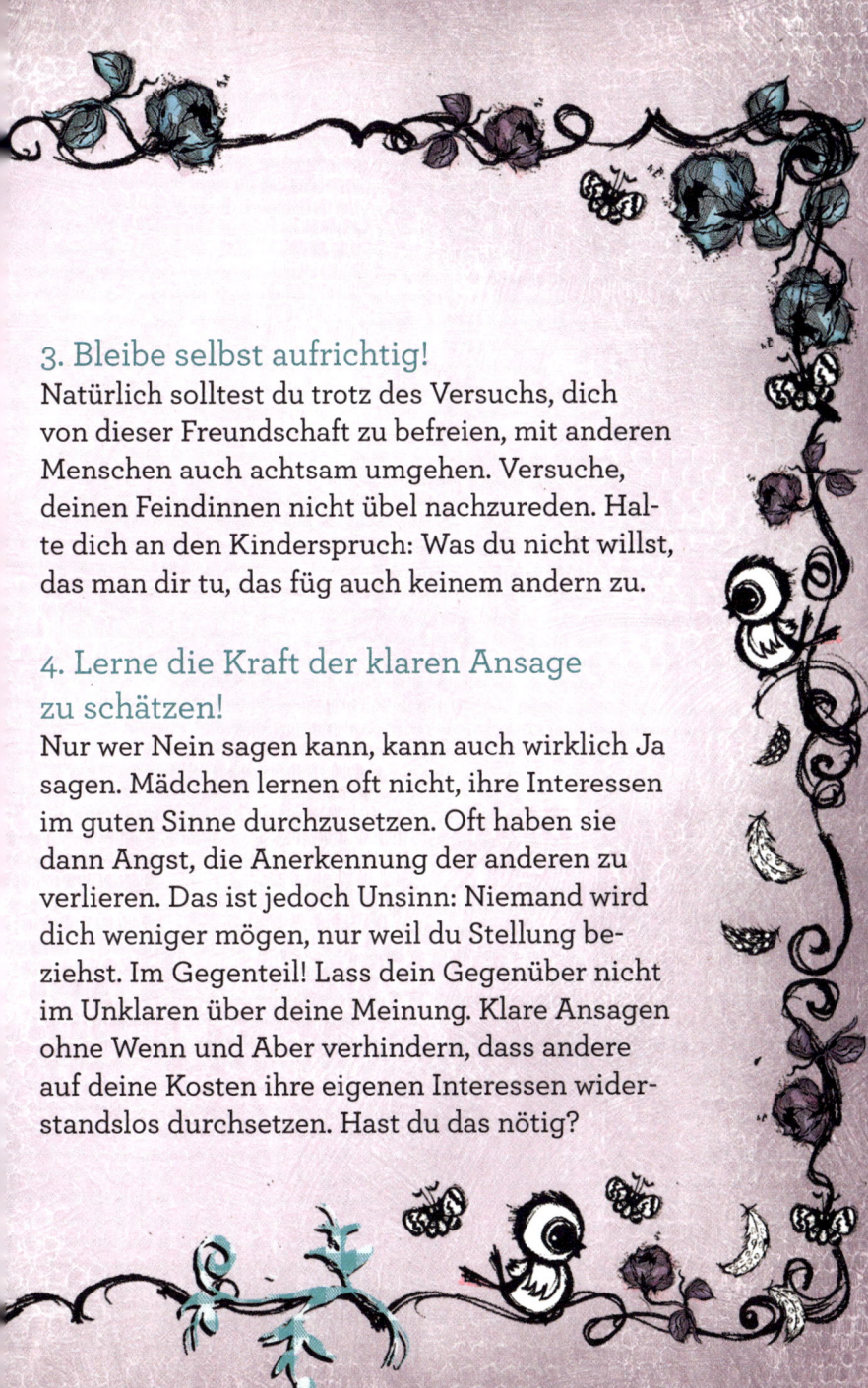

3. Bleibe selbst aufrichtig!

Natürlich solltest du trotz des Versuchs, dich von dieser Freundschaft zu befreien, mit anderen Menschen auch achtsam umgehen. Versuche, deinen Feindinnen nicht übel nachzureden. Halte dich an den Kinderspruch: Was du nicht willst, das man dir tu, das füg auch keinem andern zu.

4. Lerne die Kraft der klaren Ansage zu schätzen!

Nur wer Nein sagen kann, kann auch wirklich Ja sagen. Mädchen lernen oft nicht, ihre Interessen im guten Sinne durchzusetzen. Oft haben sie dann Angst, die Anerkennung der anderen zu verlieren. Das ist jedoch Unsinn: Niemand wird dich weniger mögen, nur weil du Stellung beziehst. Im Gegenteil! Lass dein Gegenüber nicht im Unklaren über deine Meinung. Klare Ansagen ohne Wenn und Aber verhindern, dass andere auf deine Kosten ihre eigenen Interessen widerstandslos durchsetzen. Hast du das nötig?

Freundschaften in Cliquen und Gruppen

Die meisten Jugendlichen befinden sich in einer Clique von Freunden, in der sie sich aufgehoben fühlen. Wie entstehen solche Freundschaften? Meist geht es nach dem Schneeballprinzip: Erst sind nur ein paar Freunde zusammen, dann bringt der eine und der andere jemanden mit, und schon ist eine Gruppe entstanden. Meist wird dann daraus eine eingeschworene Gemeinde.

Es gibt auch Cliquen, die sich anderen gegenüber nicht besonders offen zeigen. Manche benehmen sich wie geschlossene Gesellschaften. Sie haben ihre eigenen Kleidungsregeln, ihre eigene Sprache und ihre ganz eigenen Interessen. So signalisieren sie allen anderen, dass sie sich von ihnen abgrenzen. Jeder, der auf eine solche Clique trifft, wird erst mal taxiert oder von vornherein abgelehnt. Nicht immer halten die Gruppen aus hehren Motiven zusammen, und man muss sehr genau hinschauen, was die Jugendlichen miteinander verbindet. Herrscht hier eine Ideologie oder eine zu starke Rangordnung vor, sind Drogen, Gewalt oder politische Verbohrtheit an der Tagesordnung, solltest du besser einen Bogen um die Clique machen.

Doch in der Regel bestehen Gruppen aus ganz normalen Jugendlichen, die vor allem miteinander Spaß haben wollen, einander aber auch in Krisen nicht alleinlassen. Bist du noch neu in der Gruppe, bist du mit Sicherheit erst sehr verunsichert. Alle anderen kennen sich – vielleicht sogar schon seit Kindertagen. Und du musst erst den »Eingangstest« überstehen. Die anderen lachen

über ihre eigenen Witze und sprechen ihre eigene Sprache – und du fühlst dich erst einmal außen vor. Das ist
völlig normal, selbst wenn du eigentlich sehr forsch bist.
Für Schüchterne ist eine solche Situation besonders
schwierig. Sie neigen dazu, sich kleiner zu machen, um
sich den anderen anzupassen. Das ist keine besonders
gute Voraussetzung für eine echte Freundschaft. Mach
dir deshalb so wenig Stress wie möglich und beherzige
die einfache Regel: Was passt, passt. Was nicht, lässt
sich nicht ändern. Du musst keine Show abziehen, um
gemocht zu werden.

Diese Freundinnen sind die reinste Medizin

DIE SELBSTBEWUSSTE

Sie ist sie selbst und verstellt sich nicht. Zu ihren Stärken zählt, dass sie neugierig und anregend ist und standhaft bleibt. Du kannst von ihr jede Menge lernen.

DIE KLARE

Bei ihr weißt du, woran du bist. Sie behält den Überblick, lässt sich nicht in Intrigen verstricken. Wenn sie dir einen Rat gibt, kannst du dich darauf verlassen.

DIE SCHWERELOSE

Sie ist ein Genussmensch und nimmt das Leben von seiner besten Seite. Tiefgang ist zwar nicht unbedingt ihr Metier, doch das Zusammensein mit ihr ist überaus erholsam und lustig. Und schließlich willst du ja auch Spaß am Leben haben.

DIE OFFENE

Sie weiß, dass Menschen sowohl Stärken als auch Schwächen haben. Sie verurteilt deshalb niemanden von vornherein. Sie kann zuhören, mitfühlen und dir das Gefühl geben, dass sie dich versteht und für dich da ist.

Dein Zehn-Punkte-Freundschaftsprogramm

Wirkliche Freunde erkennst du meist nur, wenn du weißt, was du eigentlich bei diesen suchst und von ihnen erwartest. Es gibt bestimmte Freundschaftsfaktoren, bestimmte Eigenschaften, die einen Menschen so auszeichnen, dass du ihn ganz dicht an dich heranlässt. Diese Faktoren bilden eine Art Raster, mit dem du nach diesen Menschen fahnden kannst. Es taugt aber vor allem auch zur Selbstprüfung, wie es mit deiner eigenen Freundschaftsfähigkeit steht! Was du einer echten Freundin geben solltest, damit du es auch von ihr erwarten kannst:

1. Bekunde dein ernsthaftes Interesse!

Pflege den echten Austausch. Freundinnen sind nicht nur zum Tratschen da. Bleibe nicht auf der Läster- und Klatsch-Ebene stehen. Rede wirklich mit ihr, zeige immer wieder dein Interesse an ihrer Meinung. Was denkt sie? Was ist ihr wichtig? Eine Frage, die du dir stellen solltest: Welche unausgesprochenen Erwartungen verbinde ich mit dieser Freundschaft?

Eine Freundin, die dich ständig mit eigenen Sachen zuballert und dir nicht zuhört, hat andersherum kein wirkliches Interesse an dir. Wenn sie nur über sich, ihre Tätigkeiten, ihre Familie, ihre Interessen, ihren Schwarm und ihre Erfolge sprechen will, ist sie keine Freundin für dich, denn sie ist viel zu egoistisch. Ein freundschaftsbegabter Mensch will eine Menge über dich und von dir wissen.

2. Fühl dich ein!

Höre genau hin. Versuche, auch das Nichtgesagte, das Zwischen-den-Zeilen-Stehende einzufangen, damit du der wirklichen Befindlichkeit deiner Freundin auf die Spur kommst. Das, was sie dir als ihre Meinung präsentiert, muss gerade in Krisen nichts darüber aussagen, wie sie sich wirklich fühlt.

Umgekehrt spürt deine Freundin instinktiv auch, ob es dir gut geht oder nicht, und steht bereit, dir zu helfen und zu raten – aber nur, wenn du es willst. Wirkliche Freundinnen machen aus ihrer seelischen Verfassung keinen Hehl. Wenn sie traurig oder wütend sind, sollten beide dies auch kundtun können.

3. Sei loyal!

Steh zu deiner Freundin. Ein freundschaftsbegabtes Mädchen ist keine Windhündin, die ihre Sympathien heute hier und morgen da verschenkt. Auch ihre Meinungen und Überzeugungen wechselt sie nicht wie T-Shirts. Sie verteidigt ihre Freundin gegen Anfeindungen, Vorwürfe und Intrigen. Taktieren, Verstellen, Schmeicheleien und Nach-dem-Mund-Reden sind von einer loyalen Freundin nicht zu erwarten. Wenn bei ihr etwas schiefläuft, versuche, ihr dabei zu helfen, dies aus eigener Kraft zu verändern.

4. Akzeptiere deine Freundin so, wie sie ist!

Selbst die allerbeste Freundin ist ein Mensch mit Ecken und Kanten. Versuche jedoch nicht, sie zu erziehen oder ihr ständig gute Ratschläge zu geben. Akzeptiere sie, wie sie ist. Wenn dich etwas stört, verändere deine eigenen Spielregeln. Ein freundschaftsfähiges Mädchen hat es nicht nötig, andere Menschen herabzusetzen. Respektiere und achte deine Mitmenschen.

Wenn deine Freundin sich ebenso verhält, fühlst du dich in ihrer Gegenwart wohl und angenommen. Sie kitzelt deine besten Seiten aus dir heraus. Wenn ihr etwas gefällt, geizt sie im Übrigen auch nicht mit Lob und Anerkennung. Und das ist Balsam für jede Seele.

5. Sei hilfsbereit!

In wirklichen Notlagen wird deine Hilfe gebraucht, ohne dass sie extra »angefordert« werden muss. Geht es deiner Freundin wirklich schlecht, ist sie unter Umständen gar nicht in der Lage, dich um Hilfe zu bitten, oder traut sich nicht, dies zu tun. Biete ihr deshalb unmissverständlich deine Hilfe an – allerdings nur, wenn du dieses Angebot auch durchhalten kannst.

Braucht deine Freundin Hilfe, geh großzügig mit deiner Zeit und deinen Möglichkeiten um. Hilf nicht nur, wenn es in deinen Terminkalender passt oder dir persönlich von Nutzen ist. Eine echte Freundin erwartet für ihre Hilfe keine Gegenleistung.

6. Bleib objektiv!

Lass dich nicht vom Klatsch und Tratsch anderer anstecken. Beteilige dich nicht daran. Kommt dir etwas Negatives über deine Freundin zu Ohren, versuche lieber, dir selbst ein Bild zu machen. Es darf dir nicht in den Sinn kommen, hinter ihrem Rücken über sie zu sprechen.

Je mehr du in dir selbst ruhst, umso leichter fällt es dir, andere Menschen, Meinungen und Lebensstile zu akzeptieren. Du kennst deine eigenen Stärken und Schwächen, bist in dir zu Hause und nicht abhängig von der Meinung anderer. Du versuchst, die Verantwortung für das, was du tust, zu übernehmen. In allererster Linie aber hast du ein freundschaftliches Verhältnis zu dir selbst.

7. Sei aufmerksam!

Übe dich in Aufmerksamkeit. Merke dir Namen, Geburtstage, Neigungen, Hobbys, Begabungen und Vorlieben deiner Freundin und deiner Freunde.

Unaufmerksamkeit ist das Markenzeichen von gleichgültigen Menschen. Wenn deine Freundin beispielsweise einmal beiläufig äußert: »In diesem Jahr finde ich Pink einfach toll«, solltest du ihr zum Geburtstag nichts Giftgrünes schenken.

8. Übe dich in Zuverlässigkeit!

Sei verlässlich. Halte Verabredungen und Versprechungen ein. Meine, was du sagst. Doppelbotschaften sollten dir nicht nur fremd sein, besser ist es, wenn du sie gänzlich ablehnst.

Grundsätzlich gilt: Lüge nicht, betrüge und manipuliere nicht. Trage auch keine Geheimnisse weiter – etwa unter dem berühmten »Siegel der Verschwiegenheit«. Indiskretion ist Verrat! Wenn deine Hilfe gebraucht wird, hilf so, dass deine Freundin sich darauf verlassen kann. Wenn du nicht helfen kannst, sag es offen.

9. Bleib beständig und flexibel zugleich!

Lebendige Freundschaften verändern sich ständig. Deshalb solltest du deine Freunde immer an deiner Entwicklung teilhaben lassen. Gib Neuigkeiten von dir nicht mit Verspätung, sondern gleich weiter. Wenn du am gleichen Ort mit deiner besten Freundin lebst, ist es schön, wenn ihr Rituale miteinander pflegt – etwa dass ihr einmal in der Woche miteinander in die Sauna geht, gemeinsam das Kino besucht oder eine gemütliche Teestunde miteinander abhaltet. Was ihr macht und wie häufig ihr euch seht, spielt dabei keine Rolle. Doch eure Freundschaft braucht auch Beständigkeit. Dafür müsst ihr nicht an einem Ort wohnen. Mit Internet, Telefon und Briefeschreiben(!) ist es möglich, Freundschaften auch über Entfernungen hinweg zu pflegen.

10. Lachen ist Trumpf!

Humor ist ein wunderbarer Freundschaftskitt. Wenn du humorvoll mit dem Leben umgehst, dich auch gern selbst mal auf die Schippe nimmst und über dich selbst lachen kannst, verbreitest du eine gute, lockere Stimmung und Optimismus. Du hältst dich nicht für den Nabel der Welt und das bekommt deinen Freundschaften außerordentlich gut.

Bleib cool, wenn deine Freundin sich verliebt

So eng ihr euch miteinander verbunden fühlt, werdet ihr dennoch irgendwann eine neue Hürde zu meistern haben: Wenn sich eine von euch verliebt – sei es, dass du dich selbst verliebt hast oder dass deine Freundin einen neuen Freund hat.

Vor der »Stunde null« wart ihr vielleicht ein Herz und eine Seele, habt Tag und Nacht zusammengehangen, viele Abenteuer gemeinsam erlebt und nun hat eine von euch beiden keine Zeit und auch kein Gehör mehr für die andere. Wenn du diejenige mit dem neuen Freund bist, sitzt du wahrscheinlich zwischen allen Stühlen. Bei deiner Freundin musst du dich rechtfertigen, dass du weniger Zeit hast. Und dein neuer Freund ist sauer, wenn du ihn wegen deiner Freundin hängen lässt. Er denkt dann womöglich, dass du nicht richtig zu ihm stehst.

Du musst deine Zeit und Zuwendung nun auf mehrere Köpfe verteilen. Manchmal lässt sich das nicht stemmen. Du musst dann nicht unbedingt krampfhaft versuchen, beides zusammenzupressen. Deine Freundin und dein Angebeteter werden sich im Normalfall ohnehin als Kontrahenten verstehen.

Genieß deine neue Liebe und vertröste deine Freundin auf die Zeit, wenn die Anfangsphase in deiner Beziehung vorbei ist. Denk aber daran, dass du trotz aller Verliebtheit immer eine Einzelperson bleibst, die auch allein lebensfähig sein sollte. Deswegen gib deine

Freundin, deine alten Freunde oder die Clique nicht
wegen eines Jungen vorschnell auf. Nimm dir ab und an
noch Zeit für sie – am besten ohne deinen Schatz. Wenn
Liebe nur im eigenen Saft kocht, wird sie schnell fad
und langweilig.

Ist umgekehrt deine beste Freundin verknallt, wird dir
auch einiges abverlangt. Als Erstes musst du ertragen
lernen, dass sie wahrscheinlich unentwegt von »ihm«
redet. Das gehört nun mal zu den Vollsymptomen der
Verliebtheit.

Logisch, dass dir das
irgendwann zu viel
wird. Doch spiel
nicht die beleidigte
Leberwurst. Sorg
lieber dafür, dass
du genügend andere
Menschen hast, mit denen du
deine Zeit verbringen kannst – selbst
wenn dir deine »alte« Freundin total fehlt.
Nimm dir bewusst etwas anderes vor, womit
du die Lücke auffüllst. Und sei ihr
nicht böse, es geht nicht gegen
dich – so ist einfach der Lauf der
Welt. Irgendwann wird sie aus ihrer
rosaroten Wolke wieder auftauchen
und »normal« mit dir umgehen
können.

> Als meine beste Freundin ihren
> ersten Freund hatte, habe ich mich
> gefühlt wie das dritte Rad am Wagen.
> Mir ging es richtig schlecht.
>
> Maria, 16

So hältst du das grüne Monster Eifersucht in Schach

Gelegentlich verschaffen sich auch in guten Freund-schaften Neid und Eifersucht Gehör. Viele werden in solchen Situationen insgeheim von Missgunst und Eifersucht geplagt. Sie sind dann »grün vor Eifersucht« oder »gelb vor Neid«.

»Den (oder das) will ich auch haben!« – »Den gönn ich der nicht!« – »Wenn die meinem Lover schöne Augen macht, mach ich sie fertig!« – »Warum hat die blöde Kuh den attraktiveren Typen als ich?« – »Warum kommt die immer leichter voran, warum hat sie mehr Taschen-geld?« – »Warum hat sie einen Freund und ich nicht?« – »Warum ist die XY überall beliebter als ich?« – all das sind Gefühle, die wir uns offiziell nicht erlauben. Doch auch diese gehören zu unserem Leben dazu.

Wir kennen alle das nagende Zucken im Herzen, wenn der Liebste auf einer Party mit anderen weiblichen Wesen flirtet, sich von seiner charmantesten Seite zeigt und uns links liegen lässt, wenn er mit einer an-deren tanzt, von einer Ex-Freundin nur die nettesten

Geschichten erzählt oder vom tollen Aussehen eines Models schwärmt. Das ist völlig normal, denn Liebe und Eifersucht sind die zwei Seiten einer Medaille. Das eine ist ohne das andere nicht zu haben – sonst ist es keine Liebe. Jedenfalls, wenn sich die Eifersucht im normalen Rahmen abspielt. Nur Menschen mit einem übersteigerten Selbstbewusstsein fühlen sich ihres Partners völlig sicher.

Eifersucht ist also keine psychische Störung, wie manche gern behaupten. Sie ist allzu menschlich und völlig natürlich. Deswegen solltest du dich ihrer auch nicht schämen. Sie hat sogar ihre guten Seiten: Eifersucht spornt an, die Beziehung zu Freund oder Freundin und sich selbst bewusst zu pflegen. Wo Eifersucht im Spiel ist, findet Gleichgültigkeit keinen Platz.

Gelegentlich wirst du aber auch krankhafte Eifersucht kennenlernen. Diese bezieht sich dann nicht mehr auf eine einzelne konkrete Situation, sondern ist quasi eine Art negatives Lebensgefühl. Sie klingt nicht ab, sondern begleitet den Betroffenen dauerhaft. Das ist sehr quälend für alle, die damit zu tun haben. Diese Eifersucht ist oft ein Zeichen dafür, dass jemand in den ersten Jahren seines Lebens nicht genug Liebe, Wärme und Geborgenheit erfahren hat. Das kann dazu führen, dass er oder sie ständig Aufmerksamkeit sucht, immer im Mittelpunkt stehen muss und mit Argusaugen darüber wacht, dass andere Menschen nicht mehr bekommen als sie oder er. Seinen Partner, seine Partnerin wird er oder sie niemals in Ruhe lassen.

Richtig Krach kriegen gehört dazu

Zum Streit in einer Freundschaft haben die meisten von uns ein zwiespältiges Verhältnis, denn wir glauben, ständige Freundlichkeit und grenzenlose Toleranz sei mit Harmonie gleichzusetzen. Freunde, die ihre Wut nie aussprechen und Tag für Tag Grollpunkte sammeln, vergiften schleichend ihre Freundschaft und bewegen sich nicht selten auf die innere Kündigung zu. Dann bricht die Beziehung nicht selten jäh und ohne Umkehr auseinander. Was sich mag, das streitet sich. Denn das zeigt normalerweise, dass den Freundinnen oder Freunden etwas aneinander liegt.

Bei einer richtigen Auseinandersetzung darf es auch ruhig einmal laut zugehen, dürfen Forderungen und Meinungen aufeinanderprallen und unterschiedliche Standpunkte bewegt vorgetragen werden. Auf der Verbotsliste stehen hingegen: gegenseitige Vernichtungsfeldzüge, moralisieren, manipulieren, fiese Doppelbotschaften, Beleidigungen, herabsetzen, bevormunden, Herumkommandieren, unter Druck setzen, anschweigen oder nicht beachten. Hier sind ein paar einfache, aber wirksame Streitregeln:

 Versuche, offen zu bleiben und zu beschreiben, was in dir vorgeht.

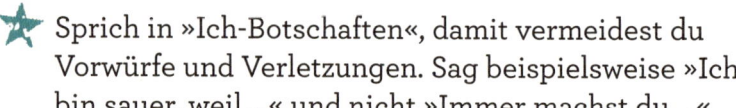 Sprich in »Ich-Botschaften«, damit vermeidest du Vorwürfe und Verletzungen. Sag beispielsweise »Ich bin sauer, weil ...« und nicht »Immer machst du ...«.

⭐ Wenn du dich ärgerst, sag möglichst konkret, was dich ärgert.

⭐ Vermeide Verallgemeinerungen à la »Immer kommst du zu spät ...«, »Noch nie hast du ...«. Versuch einfach, nicht persönlich zu werden.

⭐ Konzentriere dich auf das, was dein Gegenüber sagt, und versuche, es mit deinen Worten zusammenzufassen. Damit zeigst du Verständnis und verhinderst, dass ihr euch missversteht.

⭐ Vertage den Streit nach der Auszeit-Methode, wenn ihr nicht weiterkommt. Verabredet euch beispielsweise für den nächsten Tag, vereinbart eine Uhrzeit und: Haltet euch auch daran!

Meine Freundin Bea und ich waren total wütend aufeinander. Wir haben uns richtig gezofft. Danach ging es uns beiden aber besser.

Nina, 15

185

Time to say goodbye

Meistens ist es so, dass in Freundschaften jede von der anderen etwas will. Unbewusst spielt jede ihre Rolle wie in einem Theaterstück. Dabei gleichen sich Stärken und Schwächen idealerweise aus. Die eine hat die Stärken, die zu den Schwächen der anderen passen, und umgekehrt. Aufgerechnet wird dabei aber normalerweise nicht, denn echte Freundschaft gleicht auch hier und da Unebenheiten aus. Wenn jedoch die Rollenverteilung dazu führt, dass sich eine der beiden ausgenutzt, bevormundet oder eingeengt fühlt, wird die Freundschaft wahrscheinlich zu einer Zwangsjacke. Und du möchtest sie wieder loswerden. Doch wie wird man ungeliebte Freunde wieder los?

Im »echten Leben« ist es in solchen Fällen – wenn das Vertrauen nicht mehr da ist – ganz schön schwer, »offen« zu sein. Es ist auch nicht immer klug, anderen Menschen die eigene Wahrheit ungeschminkt mitzuteilen. Denn du weißt ja nie, wie sie darauf reagieren, wie sie dir schaden können und wo du sie einmal wiedertriffst. Nicht immer, wenn du dich stillschweigend aus der Affäre ziehst, musst du dir Feigheit vor dem Feind nachsagen lassen.

Aber auch, wenn du dich »auf Französisch« verabschiedest, also sang- und klanglos von der Bildfläche verschwindest, sollte dich dies nicht davon abhalten, für dich selbst einen sauberen Schlussstrich zu ziehen. Schreib dir am besten auf – vielleicht in deinem Tagebuch –, was zu dem Bruch geführt hat, was du deiner ehemaligen Freundin vorwirfst und was dich an ihr gestört hat. Schreib auch auf, welche Gefühle dich heimsuchen und an welchen Stellen du dich nicht so verhalten hast, wie es dir vorschwebt. Wo hast du sie unnötig verletzt oder gekränkt? Sonst wirst du womöglich noch jahrelang ein unangenehmes Gefühl in der Magengrube haben. Grübeleien über ungelöste Konflikte aber rauben dir unnötig Energie. Und die kannst du gebrauchen, um wieder eine neue Freundin zu finden.

Keine gute Art des Abgangs ist es, die andere so lange zu kränken oder herabzusetzen, bis diese sich von sich aus zurückzieht, weil sie kapiert hat, dass sie nicht mehr gefragt ist. Das ist nicht die feine englische Art, wie man so sagt. Eine ganz unmögliche Unsitte ist der Freundschaftsbruch per SMS oder E-Mail. Das ist wirklich feige und kränkend.

Mach den Test: Wie gut sind deine Freundschaften?

Jede deiner Beziehungen wirst du immer mal wieder einem »internen« Check unterziehen, bei dem du dich fragst:

⭐ Was bringt mir das eigentlich noch?

⭐ Wo stehe ich, wo stehen wir?

⭐ Welche Zukunft haben wir?

⭐ Worauf kommt es mir an?

Ich bin mir ziemlich sicher, dass dir viel daran liegt, deinen Freundschaften Tiefe, Würde und Verlässlichkeit zu schenken. Denn deine Beziehungen prägen dein Leben. Auch deine Liebesfähigkeit, deine Beziehungsfähigkeit, deine Persönlichkeit entscheiden, welche Art von Beziehungen du eingehst und mit welchem Leben du diese erfüllst. Das gilt natürlich auch für deine Beziehungen zu Jungen.

Die Antwort darauf wird beeinflusst von deinen Erfahrungen, Ängsten, Wünschen, Träumen, Enttäuschungen und unerfüllten Bedürfnissen. Sie steht und fällt vor allem auch mit deiner Fähigkeit, deine eigenen Erwartungen und Denkmuster zu hinterfragen. Um das herauszufinden, gibt es einige Tricks:

Zeichne auf ein Papier einen kleinen Kreis – das bist du. Darum malst du immer größer werdende Kreise, in die du die Namen deiner besten Freundin, deiner Freunde und Bekannten schreibst. Je näher dir die betreffende Person steht, desto näher schreibst du ihren Namen an die Mitte. Bitte nun deine Mutter, deine Großmutter, eine Freundin der Familie oder sonst eine Person, die dir nahesteht, dasselbe für dich zu tun. Aus den Unterschieden zwischen deiner und ihrer Einschätzung kannst du deine Schlüsse ziehen. Wie wichtig sind dir die einzelnen Personen bei näherem Nachdenken?

Mädchen liebt Rebella!

L wie Love

ab 13 / 272 S. / 14,2 x 21 cm
ISBN 978-3-8157-**2313**-5

€ (D) 12,95 /
€ (A) 13,40 / SFr 19,90

Eine Liebe in Paris

ab 13 / 288 S. / 14,2 x 21 cm
ISBN 978-3-8157-**5525**-9

€ (D) 12,95 /
€ (A) 13,40 / SFr 19,90

Bitte zweimal Wolke 7

ab 13 / 256 S. / 14,2 x 21 cm
ISBN 978-3-8157-**5313**-2

€ (D) 12,95 /
€ (A) 13,40 / SFr 19,90

Verliebt oder was?

ab 13 / 208 S. / 14,2 x 21 cm
ISBN 978-3-649-**60440**-2

€ (D) 12,95 /
€ (A) 13,40 / SFr 19,90

> CELEBRATE YOUR STYLE! «

Tasche – Must have!
Lässige Tasche aus Baumwolle.
Passend für DIN A4.
Mit kleinem Reh- und Pilzanhänger.
Praktisches Handytäschchen innen.
ca. 39 x 39 cm

Best.-Nr. 55096 / € 19,95

Uhr – Good times!
Ab jetzt sind alle Mädels pünktlich! Mit
dieser hippen Uhr am Schreibtisch ist
an Zuspätkommen nicht mehr zu denken.
Uhr in der Dose.
ca. Ø 8,5 cm

Best.-Nr. 90144 / € 7,95

Etui-Box – Pencil-Attack!
Stabile Etui-Box mit Applikation,
Reißverschlusstasche, breiter Schlaufe
(z.B. für ein Lineal) und Klappe mit fünf
Stifteschlaufen innen.
ca. 22 x 7 x 5 cm

Best.-Nr. 55248 / € 12,95

Sylvia Schneider ist Ernährungs- und Kommunikationswissenschaftlerin, und begann ihre journalistische Karriere bei der dpa. Sie arbeitete für viele Frauen-Zeitschriften (z. B. Brigitte, Cosmopolitan, Elle) und Zeitungen (z. B. Süddeutsche, Bild am Sonntag, Hamburger Morgenpost) sowie für namhafte Institutionen des Gesundheitswesens.

Darüber hinaus hat sie zahlreiche Titel für Groß und Klein veröffentlicht. Ihre Schwerpunkte sind Frauengesundheit sowie Kinder- und Jugendbücher. Sie gilt heute als eine der erfolgreichsten Sachbuchautorinnen. Ihre Bücher wurden in etliche andere Sprachen übersetzt. Die Auflage ihrer Publikationen hat mittlerweile mehrere Hunderttausend überschritten. Sylvia Schneider lebt heute in Eckerförde an der Ostsee.